WENLÜ SHIDAI
DE
IP ZHIZAO

舒伯阳 张乐婷 喻春艳◎编著

北京·旅游教育出版社

策　　划：李荣强
责任编辑：陈　志
部分图片提供：图虫创意

**图书在版编目（CIP）数据**

文旅时代的IP智造 / 舒伯阳，张乐婷，喻春艳编著
. -- 北京：旅游教育出版社，2021.1（2024.12）
　ISBN 978-7-5637-4198-4

Ⅰ. ①文… Ⅱ. ①舒… ②张… ③喻… Ⅲ. ①旅游业发展－案例－世界 Ⅳ. ①F591

中国版本图书馆CIP数据核字(2020)第254606号

## 文旅时代的 IP 智造

舒伯阳　张乐婷　喻春艳　编著

| | |
|---|---|
| 出版单位 | 旅游教育出版社 |
| 地　　址 | 北京市朝阳区定福庄南里1号 |
| 邮　　编 | 100024 |
| 发行电话 | （010）65778403　65728372　65767462（传真） |
| 本社网址 | www.tepcb.com |
| E - mail | tepfx@163.com |
| 排版单位 | 北京旅教文化传播有限公司 |
| 印刷单位 | 北京柏力行彩印有限公司 |
| 经销单位 | 新华书店 |
| 开　　本 | 787 毫米 × 1092 毫米　1/16 |
| 印　　张 | 11.5 |
| 字　　数 | 192 千字 |
| 版　　次 | 2021 年 1 月第 1 版 |
| 印　　次 | 2024 年 12 月第 4 次印刷 |
| 定　　价 | 55.00 元 |

（图书如有装订差错请与发行部联系）

# 序言

## 在一个需要理论的时代,我们恰好在场

2018年,我国开启了文旅融合的新时代。"诗和远方"如何更好地融合在一起,既有利于满足人民群众日益增长的对美好生活的需要,又有利于推动文旅产业高质量发展,就成为政府、社会和学界共同探讨、研究的重要议题,一批文化产业和旅游研究学者投身于其中,追寻文化和旅游融合的内在逻辑和演进轨迹。我个人也曾经发表了几篇小文,认为从形式上看,文旅融合体现为"以文促旅,以旅彰文"的"体""用"相互依存和相互促进关系,文化为旅游提供内容,旅游为文化提供渠道,"体"与"用"协调统一;但从本质上看,文旅融合的内在逻辑并非是表面上的"体""用"关系,而是旅游者个体参与创造文化旅游体裁的过程,是文化旅游主体与作为象征意义符号系统的文化旅游装置(客体)通过个体文旅消费行为进行创造、转换和连接的过程,是客体与主体之间"唤醒"与"沉浸"的统一、"索引"与"凝视"的统一,体现为"吸收符号及被符号吸收"的互动过程。从文化和旅游的内涵融合这个角度来看,文旅IP无疑是"体用一致"与"主客统一"最好的内容表达与形式呈现。舒伯阳教授及其团队则投身于"文旅IP智造"的研究,取得了令人瞩目的成果。

一般认为,IP是一种由智慧或脑力创造产生的文化资产或智慧财产。现今它的内涵已经由一个法律概念逐渐扩展为商业化概念,并不断发展演变为自成体系的文化符号和商业模式,从文学、游戏、动漫、影视和文创衍生品的泛娱乐表达，到主题公园、旅游景区、历史文化街区和文化产业园区的全方位进阶，乃至文化旅游全产业链的迭代提升，都离不开"IP 智造"。"IP 智造"是舒伯阳教授及其团队在新著《文旅时代的 IP 智造》一书中的"关键词"，非常生动，也非常引人注目，"智造者，惟有用心灵和智慧去创造！"用智慧去推动文旅融合和文旅产业的高质量发展，体现了舒伯阳教授团队主动把握时代脉动、以知识服务于国家文旅战略的学术自觉。

在新时代文旅融合、文旅产业高质量发展的大背景下，各地丰富的文化资源借助于"IP 智造"环节，转化为适应新媒体传播的文化符号，形成适应大众文化消费需求的文化和旅游产品，进而实现各类文化资源的产业链聚集，形成了地方文化和旅游业发展的内生力量。更为重要的是，"IP 智造"通过推动文化和旅游业的发展，有利于促进中华优秀传统文化创造性转化、创新性发展，增强个体的文化自觉和文化自信。2020 年文化和旅游部发布《关于推动数字文化产业高质量发展的意见》，指出要"培育和塑造一批具有鲜明中国文化特色的原创 IP，加强 IP 开发和转化，充分运用动漫游戏、网络文学、网络音乐、网络表演、网络视频、数字艺术、创意设计等产业形态，推动中华优秀传统文化创造性转化、创新性发展"。进入 21 世纪以来，我国的文旅 IP 在经过 20 年的不断积淀，已极具成长性。

"IP 智造"也是推动文旅产业高质量发展的有效路径。"IP 智造"强化了文化对旅游的内容支撑、创意提升和价值挖掘，提升了旅游的文化内涵，能够满足消费者特别是年轻用户多样化、个性化的文化消费需求，增强青年群体的文化自豪感和文化自信心。特别是中国 Z 世代（1995—2009 年出生）人口数占比已接近 20%，业已成为文旅消费市场的主力军。他们追求有精神文化内涵的个性，善于自我表达与个性创造，承载 IP 形象的文化产品对他们而言更像是寄托其归属感的文化符号，或是表达自我个性特征的专属标签。抓住了 IP 智造，就抓住了中国年轻一代的文旅消费需求的特质，也就抓住了中国文旅产业高质量发展的关键。

对文旅 IP 的研究是一项前沿课题，需要把脉时代发展的律动。舒伯阳教授及其团队的《文旅时代的IP智造》不仅分析了文旅融合的时代背景、模式、路径与业态，还深入分析了IP智造的特征价值、发展格局、构成要素、商业运营，并通过最新的实战案例来进行解读，为文旅IP相关的问题、概念、要素、运营和实践等内容提供了全面的分析，有助于读者将概念与现实世界结合起来，做到理论联系实践。这本令人耳目一新的著作汇集了作者近年来一系列的研究成果，融入了作者对文旅IP的激情，形成了一本理论与实践相互嵌入、相得益彰的专著。对于读者来说，本书提供了丰富的信息，具有启发性和时代性，充分表明了作者在这方面的专业水准和专业态度。舒伯阳教授及其团队的《文旅时代的IP智造》一书也是其学术思想的"IP智造"。

推动新时代文旅产业高质量发展，既需要政府和企业界努力营造，也需要学界同仁共同努力，贡献智慧。舒伯阳教授及其团队在文旅融合业态创新的蓝海中已然找寻到"超级IP"这座"富矿"，愿其继续深入开掘，取得更大成就，也愿在舒伯阳教授和学界同仁的感召下有更多学术力量特别是青年学者加入进来，不辜负这个需要理论又有众多实践案例可供验证理论的美好时代，共同推进文化和旅游融合的创新实践。

是为序。

傅才武
武汉大学国家文化发展研究院院长、教授
武汉大学国家文化和旅游研究基地主任
2020年12月30日于珞珈山

# 自 序

## 文旅 IP，从管窥到智造

这是一个风起云涌的大时代，中国旅游30年的发展创造了一波又一波浪潮，从景区开发到目的地营销再到在线旅游，从今天炙手可热的文创与景区二消开发，到以李子柒、丁真为代表的新一代旅游网红直播……从文旅产业的形态和发展轨迹看，旅游的属性扑朔迷离，像雾像雨又像风。但无论如何，与文化交织在一起的旅游，不论从事业属性出发，还是从产业属性归纳，抑或是从生活方式观察，旅游在本质上都是根植于文化的泛产业形态和多彩生活形态，这也许正是今天"诗与远方走到一起"的文化与旅游融合的必然。目前，随着文旅融合的不断深化推进，越来越多的业内人士已形成共识：旅游生态圈所有的理性思考和感性审美都可以归结为 IP，超级文旅 IP 是一种凝聚智慧的稀缺资源！

IP 者，知识产权（Intellectual Property）也！IP 本质上是独一无二排他的创意及其现实呈现体系，可以引申为一种"专属符号"。IP 可以是具象的，也可能是抽象的，文旅项目 IP 就是一个旅游吸引物区别于其他旅游吸引物的关键内核。文旅 IP 可能是具体的一个独特景点，也可能是一个引人入胜的故事、一种现场体验氛围与感觉，总之，IP 赋予了项目独特的魅力，IP 是项目生命力的源泉。优质的超级 IP 是一个文旅项目的成功关键，因此，打造出超级 IP 是所有文旅项目成功的必经之路，正如一位旅游 IP 先行者所言："旅游要 happy，关键在 IP！" IP 打造正在成为构建富有生命力文旅生态圈核心战略的出发点。

超级 IP 产生的根源在于人类的情感和价值需要。当个人情感和价值需要上升为群体意志之后，就会演化为一种文化现象。借助互联网的发展，目前已经出现了越来越多的虚拟社群以及与之相伴生的亚文化。而在万物互联的语境下，一切文化都可以转化为一种情感化的消费诉求，这种情感化消费诉求再通过各种移动智能终端反馈到内容端和产品端，从而促成了内容端和产品端的 IP 化。恰恰是文旅 IP 的出现，有效抚慰了暴露在寂寞、冷酷现实商业世界中人类的心灵。

在当今时代，一切文化皆可以转变为 IP，通过智慧创意，打造出的超级 IP 可有效实现文化资源的商业变现。中国文旅 IP 的大时代已经来临，在充满硝烟的商业竞争之外，独具个性的超级文旅 IP 将成为文旅融合时代超越于同质化价格战之上、富有人性光辉的一道亮丽风景。目前，国内的文旅项目正在从投资建设主导的资本型驱动，向 IP 引领、运营主导的智力型驱动转型。

近年来，围绕文旅 IP 的打造与创造的探讨如雨后春笋般涌现，诸如先行者洪清华的旅游超级 IP 9C 理论、思考者马牧青的文旅 IP 还原生活论……这些思考无不闪烁着智慧的光芒。受此鼓舞和启发，我和团队围绕文旅 IP 这一主题反复斟酌提炼，在浩繁的 IP 文献中撷其精华，在纷繁的文旅实践中探究真理，形成了目前的初步研究成果，以期管窥"文旅 IP"这一纷繁、宏伟殿堂之真奥。

我们坚信，"智慧创意"正是创造文旅超级 IP 的关键入口，这也是本书取义"智造"的旨意所在。

智造者，惟有用心灵和智慧去创造！

2020 年 8 月于江城武汉

# 目　录

## 第一章　正在来临的文旅融合时代 ······················································· 001
### 一、旅游与文化关系透视 ···································································· 001
（一）灵魂与载体 ············································································· 002
（二）纸张与高山 ············································································· 003
（三）价值与变现 ············································································· 003
（四）诗意与远方 ············································································· 004
### 二、文旅融合的时代背景 ···································································· 004
（一）旅游产业优化升级 ··································································· 004
（二）文化产业发展需求 ··································································· 005
（三）内容 IP 引爆文旅时代 ····························································· 006
### 三、文旅融合的突出问题 ···································································· 007
（一）过度经济化的考量 ··································································· 007
（二）体制与认知分歧 ······································································· 008
（三）地方内生动力不足 ··································································· 008

## 第二章　文旅融合的模式、路径与业态 ··········································· 009
### 一、文旅融合的模式 ············································································ 009
### 二、文旅融合的路径 ············································································ 010
（一）优化资源组合，重塑产业品牌 ················································ 010
（二）创意旅游产品，丰富旅游体验 ················································ 011

（三）营造旅游场景，提升氛围吸引 ················································· 011
  （四）创新营销方式，拓展客源市场 ················································· 011
 三、文旅融合的业态 ················································································ 012
  （一）主题公园 ···················································································· 012
  （二）旅游演艺 ···················································································· 013
  （三）文创街区 ···················································································· 013
  （四）文旅小镇 ···················································································· 014
  （五）文旅综合体 ················································································ 014

# 第三章 旅游 IP 的本质探秘 ································································· 016
 一、旅游 IP 的界定 ················································································ 016
  （一）IP"本源说" ············································································ 016
  （二）IP"非常说" ············································································ 017
  （三）旅游 IP ······················································································ 018
 二、文旅 IP 的缘起 ················································································ 020
  （一）注意力内容稀缺 ········································································ 020
  （二）价值观体系稀缺 ········································································ 020
  （三）强连接内容稀缺 ········································································ 021
 三、超级 IP 的特征 ················································································ 021
  （一）独特性 ······················································································· 021
  （二）引爆性 ······················································································· 022
  （三）互动性 ······················································································· 022
  （四）延展性 ······················································································· 023
  （五）符号性 ······················································································· 023
 四、文旅 IP 价值解读 ············································································ 024
  （一）超级 IP 的目的地价值 ······························································ 024
  （二）超级 IP 消费市场价值 ······························································ 026

## 五、文旅 IP 发展新格局 · 027
### （一）产业重构文旅 IP · 027
### （二）文旅 IP 的嬗变 · 030

## 第四章　文旅超级 IP 的智造 · 036
### 一、文旅 IP 要素与构成 · 036
#### （一）文化本底 · 036
#### （二）价值观 · 038
#### （三）文化载体 · 038
#### （四）人格赋能 · 039
#### （五）场景设计 · 040
### 二、超级 IP 矩阵构建 · 040
#### （一）人格矩阵 · 040
#### （二）内容矩阵 · 041
#### （三）产业矩阵 · 042
### 三、文旅 IP 智造方式 · 043
#### （一）原创研发 · 043
#### （二）移植收购 · 044
#### （三）借鉴创新 · 045
### 四、文旅 IP 智造关键 · 046
#### （一）讲好故事做品牌 · 046
#### （二）提炼符号推产品 · 047
#### （三）产业扩张建生态 · 048
### 五、IP 如何引发疯传？· 049
#### （一）注入趣味性 · 049
#### （二）场景代入感 · 050
#### （三）人格化演绎 · 051

## 第五章　文旅 IP 的商业运营 · · · · · · 053

### 一、旅游 IP 变现基础 · · · · · · 054
#### （一）内容力——商业价值的起点 · · · · · · 054
#### （二）高势能——建立负成本连接 · · · · · · 056
#### （三）人格化——赋予 IP 以生命力 · · · · · · 060

### 二、文旅 IP 商业化方向 · · · · · · 062
#### （一）文创化 · · · · · · 062
#### （二）娱乐化 · · · · · · 063
#### （三）跨界化 · · · · · · 065
#### （四）数字化 · · · · · · 066
#### （五）案例解析——故宫 IP 运营 · · · · · · 067

### 三、文旅 IP 变现的举措 · · · · · · 070
#### （一）非常规营销策略 · · · · · · 070
#### （二）社群化与流量转化 · · · · · · 072
#### （三）线上线下整合体验 · · · · · · 075
#### （四）引流 IP 的现实体验 · · · · · · 076

### 四、旅游 IP 商业化运营的阶段 · · · · · · 081
#### （一）IP 聚焦 · · · · · · 081
#### （二）IP 塑造 · · · · · · 081
#### （三）IP 运营 · · · · · · 081
#### （四）IP 扩张 · · · · · · 082

## 第六章　文旅 IP 实战案例 · · · · · · 083

### 一、童心童趣，欢乐无限 · · · · · · 083
#### （一）迪士尼 IP 的商业帝国 · · · · · · 086
#### （二）松鼠部落的美好生活 · · · · · · 090
#### （三）方特不仅有【熊出没】 · · · · · · 092

（四）守护欢乐谷的饼干警长 ·········································· 095

二、特色小镇，别样风情 ················································ 097
  （一）欧洲小镇：品牌 IP 产业化 ······································ 097
  （二）神垕古镇：IP 再造千年钧瓷 ···································· 098
  （三）柯南小镇：变动漫 IP 为现实 ··································· 101
  （四）玛塔玛塔：探秘魔戒圣地 ········································ 103
  （五）拈花湾：禅意 IP 的人间化 ······································ 105
  （六）乌镇：将文艺 IP 进行到底 ······································ 108
  （七）铜官窑：古镇 IP 危机四伏 ······································ 110

三、人间烟火，美食雅居 ················································ 111
  （一）帐篷客：野奢目的地酒店 IP 打造 ······························ 111
  （二）安缦法云：世界版图的"中国禅" ································ 113
  （三）花间堂：唯美主义旅居的代言者 ·································· 116
  （四）喜茶：不仅是奶茶，更是社交身份 ································ 118
  （五）胡桃里：世俗城市的文艺角 ······································ 120

四、IP 人物，行走天下 ·················································· 122
  （一）台湾妖怪村：枯麻和八豆的故事 ·································· 122
  （二）武当 369：凡人过几天神仙日子 ·································· 123
  （三）熊本熊：来自小地方，走向全世界 ································ 124
  （四）卡尔斯农场：草莓主题名扬四海 ·································· 126

五、千年神秘，IP 解析 ·················································· 126
  （一）博物馆 IP 的核心价值 ·········································· 127
  （二）博物馆 IP 的开发模式 ·········································· 127
  （三）案例解析 ······················································ 128

六、造梦 IP，如"影"随行 ············································· 134
  （一）影视 IP 的旅游开发 ············································ 135
  （二）案例解析 ······················································ 137

七、文旅小品，创意无限 …………………………………………… 144
　（一）和平古镇：和老爷的寻根之旅 ………………………… 144
　（二）华山文创：华山群雄再论剑 …………………………… 146
　（三）木兰有礼：木兰这厢有礼了 …………………………… 149

八、实景演绎，不虚此行 …………………………………………… 150
　（一）文旅演艺概述 …………………………………………… 150
　（二）我国文旅演艺现状 ……………………………………… 151
　（三）文旅演艺市场扫描 ……………………………………… 154
　（四）案例解析 ………………………………………………… 156

参考文献 …………………………………………………………… 164

# 第一章

# 正在来临的文旅融合时代

2018年4月，中华人民共和国文化和旅游部的成立，标志着我国文化与旅游融合进入了新的阶段，"诗和远方"终于紧密地走在了一起。习近平总书记指出："旅游是不同国家、不同文化交流互鉴的重要渠道，是发展经济、增加就业的有效手段，也是提高人民生活水平的重要产业。"推动文化与旅游融合发展，是党中央、国务院作出的重大决策部署，是不断满足人民群众日益增长的美好生活需要的重要手段，也是推动文化产业和旅游产业转型升级、提质增效的重要途径。

## 一、旅游与文化关系透视

随着近年来旅游和文化产业的不断发展与融合，尤其是2018年国家文化和旅游部的组建，文旅融合成为学术界与业界热议的话题，也成为旅游和文化产业投资商、管理者不断探索的大方向。文化与旅游成为当今时代的主角，对于二者的关系，有"灵魂载体说""纸张与高山说""价值变现说"以及"诗意与远方说"等论述，不可否认这些观点各有其关注侧重点，但需要我们对其内涵进行探究与拓展。

## (一)灵魂与载体

旅游与文化互为表里,文化是灵魂,旅游是载体。泰勒[①]认为,人具有生物性和文化性这两种属性。具体到旅游活动而言,生物性产生了旅游探索,文化性则深化了旅游过程中的感悟,探索依赖于旅游资源,感悟源于文化属性,人的参与,将自然资源转变为旅游产品。在旅游活动中,眼赏美景,心生感悟,方能体验旅游的真谛。

文化旅游产业的体系构成犹如洋葱状分层,呈中心化圈层特征。核心是文化创意,第一圈层是文化形式,如文学、戏剧、舞蹈、音乐、视觉艺术等;第二圈层是文化产业,如影视广播、书籍报刊、社交媒体等,在此圈层中,文化得以变现;第三圈层旅游产业则包含了前面所有的部分,从最初的文化创意,到最后的旅游产业,紧紧围绕文化,以旅游产业为变现方式,实现灵魂与载体的紧密结合。

**图 1-1 文化与旅游由里及表的圈层结构**

---

① 弗雷德里克·温斯洛·泰勒(1856—1915),美国著名管理学家、经济学家,被后世称为"科学管理之父"。

## （二）纸张与高山

有学者提出：文化到旅游差一张纸，旅游到文化差一座山。这句话从另一个形象化的角度阐述了文化与旅游的关系。

何为"纸张"？如果没有旅游作为引擎，中国数千年来博大精深的传统文化背后巨大的经济价值难以撬动，文化到旅游之间隔着一张纸，这张纸就是市场。没有市场的文化，最终只是文人墨客的一方天地，难以将文化效益转化为实际的经济效益。然而，这张纸却是一捅即破的，如果能深入分析、挖掘文化背后的价值，与市场对文化的需求相匹配，通过旅游产品开发，采用适当的形式对其进行展现，随后而来的即是巨大的经济效益，既满足了人们对文化旅游产品的需求，同时也可以通过获得的资金保护、传承相关文化，可谓是一举两得。

何为"高山"？文化是一个民族经过长年累月风霜洗礼而沉淀下来的高山，一时半会儿难以速成，现在开发的部分旅游产品，空口说文化，却禁不起深挖。旅游到文化差一座山，意指这座山既需要深厚的文化底蕴与内涵作为支撑，也需要不断耕耘、挖掘这种文化的匠心。故宫之所以成为中国文化旅游的代表，就在于它是跨越山与捅破纸的最佳典型，既有中华民族古老的文化沉淀，又敢于突破传统，采用人们乐于接受的形式，吸引着一批批游客慕名前往。

## （三）价值与变现

文化创意通常含有一定的价值，但有价值并不意味着有收入。狮子王辛巴的故事激励着小朋友朝着勇敢与担当前行，这就是其价值，但是如果没有《狮子王》大电影、没有迪士尼主题公园中的辛巴形象，辛巴也只会成为人们口口相传的童话故事，难以带来收入。文化创意的成果大都是非物质性的，需要一定的形式和产业将其表现出来，一方面实现产品转化的价值变现，另一方面也可以促进文化的传播，使其有生命力。旅游就是文化创意变现的助推剂，能够不断地放大、外显文化创意产品的内在价值。

《熊出没》是华强方特集团开发出的家喻户晓的IP产品，经过文化创意的外延演绎,成为系列动画片和电影;后又将荧幕IP落地运营,熊大、熊二入驻华强方特主题公园,释放童真与乐趣;再进一步顺应新一代客群消费趋势,推出VR版主题游戏,不断提升客户黏性及其消费频次。2018年华强方特营收43.35亿元,其中主题公园收入占比超82%。华强方特的成功,充分说明创意IP的价值和力量,以其为核心,培育文化产业生态圈,实现从媒体到旅游的文化价值转化与放大变现。

### (四)诗意与远方

生活不止眼前的苟且,还有诗和远方的田野,每个人都需要诗和远方,以"仰观宇宙之大,俯察品类之盛"。文化,让人们在阳春白雪中陶冶情操;旅游,让人们在海阔天空中释放自我。初级的文化诉求寻求感官刺激,中级的文化诉求寻求精神愉悦,高级的文化诉求寻求自我发现与实现,而旅游活动从观光游、体验游到度假游,从赏美景、品美食到得感悟,都可以与人们的文化诉求相契合。游客在成都泡茶馆、吃火锅,体验的是当地悠闲随性的生活方式;在巴黎塞纳河畔喝咖啡、逛书店,体验的是法式理想主义文化气息;在内蒙古草原骑马、玩摔跤,体验的是豁达自在的内蒙古文化。

## 二、文旅融合的时代背景

随着当前社会生产力发展的进一步提速,中国经济发展开始步入全新的阶段,在全国经济走向新常态的大背景下,机遇与挑战并存,作为"朝阳产业"的文化和旅游产业逐步成为各省寻找经济增长点的优先考虑方向,文化与旅游两大产业的融合发展,成为我国产业全面转型和国民经济结构升级过程中不可忽视的重要出路。

### (一)旅游产业优化升级

旅游产业优化升级是文旅融合的内在原动力。目前我国的旅游业以旅游观光为核心，缺乏深度游和体验游，旅游产生的经济带动作用有限。然而随着生活水平的提高，人们对旅游产品的需求逐渐出现多样化、深层次的趋势，传统旅游产业产品结构单一、创意产品开发滞后，如果不进行转型升级，将会越来越难以满足人们的需求。

在新常态下，大多数行业投资增长趋缓，旅游产业投资却逆势增长，吸引了政府投融资平台、民营企业、非旅企业的跨界投资和大规模进入。2018年中国的旅游投资额为1615亿美元，同比增加了4.40%，稳居世界第二。"十三五"以来，旅游投资规模保持年均6.82%的增速，在大多数行业投资增长减缓的背景下，文旅产业投资热潮涌动，成为社会投资热点和综合性开发的引擎性产业。2018年，总投资逾100亿元的黄石旅游度假区落地四川巴中；华侨城4.8亿元收购剑门旅游80%股权；以美团大众点评为代表的互联网公司，在服务本地居民的衣食住行和休闲娱乐的同时，开始战略性进入OTO旅游。现如今，新经济为文化旅游产业走向深层次发展提供了重大机遇。

文旅融合通过文化创意，提升旅游产品的意蕴和趣味，丰富消费者体验，促进深度游，起到了更强的消费带动作用；同时，文旅融合对旅游产品的质量提出了更高的要求，进一步倒逼相关产业主体加强产品设计、提升产品质量，最终推动旅游产业转型升级。

### （二）文化产业发展需求

文化发展需求是文旅融合的外在驱动力。中国旅游研究院的研究数据表明，2019年春节期间人文景观在线购票同比增长达15.9%。其中，历史遗迹类、名人旧宅、宗教寺庙和红色旅游区门票在线购票同比增长分别达12.1%、68.1%、26.8%和78.5%。我国每年潜在的文化消费能力为4万多亿元人民币，但实际消费规模远远没有达到，我国的文化消费空间和产业发展空间还没有充分发掘出来。在建设社会主义文化强国的背景下，文化事业发展必须要坚持全面深化改革，加强产业化发展，促进文化产业与旅游产业在深度、广度上的融合发展，成为文化产业做大做强的新引擎。

对文化进行旅游开发，可以对消费者产生较强的吸引力，彰显旅游地的文化内涵，促进当地文化品牌的构建。我国历史悠久，幅员辽阔，文化丰富多样，文化旅游产业的发展，不仅能够带动消费就业，促进经济增长，更推动了文化的保护与传承。旅游者来自不同地区，一同来到文化旅游地，见证当地文化，体验风土人情，在旅游过程中了解当地优秀文化，并自觉成为文化的传播者。

### （三）内容IP引爆文旅时代

文化和旅游的融合，不是简单地用资本将二者堆砌在一起，为了文化而文化。文化和旅游的结合，是要在文化内容和精神情感上深度挖掘，讲好故事，做好产品。目前，部分文化旅游产品，流于形式，内容空洞，难以打动观众。如何加强文旅项目的内容建设，打造特色化的旅游产品，以满足中国旅游消费者消费升级的要求，修炼和培育IP就显得至关重要。现在旅游IP的含义不仅仅是"知识产权"，它更多的是品牌与品质的象征，是旅游产品实现从低附加值向高附加值提升的结晶，是实现旅游供给侧改革和旅游产业升级的关键。

在旅游创新发展的大背景下，旅游业与文化IP的融合共生显得尤为重要。文化IP能促进旅游业向轻资产转化，推动差异化和产业链延伸，实现对商业模式的优化。通过提升游客体验、景区竞争力和促进行业跨界发展，实现提高旅游服务质量的目标。

目前，国内外众多知名旅游产品都拥有自己的独特IP，如迪士尼的IP王国、环球影城的哈利·波特魔法IP、华强方特的熊出没、长隆集团的国际马戏节，等等。在众多文化IP之中，动漫IP是非常容易转化为文旅IP的。因为一个成功的动漫IP，本身就具有"独特而有辨识度的形象""鲜明的人设与性格""可持续提供原创故事的能力"以及强粉丝聚集能力。游客在景区的游玩不止体验丰富的娱乐感受，还希望获得强烈的人文情怀——同样是游乐园里的海盗船项目，外观设计有"加勒比海盗"或者"海贼王"元素的，就是要比普通外观的更吸引消费者；同样设施的度假酒店，美国队长或者钢铁侠主题的房间，就是要比普通房间更受欢迎。

总体来看，文旅融合发展已经成为业界共识，现阶段我国文旅融合取得了初步进展，在旅游产品供给方面，更加注重其文化内涵，以旅游为载体，创新利用我国的文化资源，促进了文化的传播和旅游业的转型升级。文创旅游、影视旅游、演艺旅游、遗产旅游、文物旅游，以及以博物馆、纪念馆等为代表的文化场馆等，既丰富了旅游的形式，也提升了旅游的文化内涵和品质。

## 三、文旅融合的突出问题

文化和旅游融合发展战略推出后，各级政府积极响应，多家旅游企业随即行动起来，但在实施过程中，存在一些认知偏差、技术不足等问题，部分学者与业界人士对此抱有怀疑态度。一切事物都是运动和发展的，前进的道路是曲折的，只有冷静、客观地审视当前文旅融合中存在的问题，治病寻根，才能更加理性地推动文化与旅游融合发展。

### （一）过度经济化的考量

文化和旅游融合发展所带来的最直观的成果便是经济的发展，如不断增长的旅游人次、酒店餐馆时常爆满、旅游纪念品销量不断提升……长期受GDP、土地财政等思维的影响，地方在推进文化旅游融合发展过程中，难免会重旅游而轻文化。有些地方只看到了文化资源所带来的旅游收益，却忽视了文化价值其实是旅游的根本，以旅游发展为名，对文化古迹、文化遗产等进行过度开发，在一定程度上带来不可挽回的损失。旅游市场的飞速发展给很多文化遗产地的文物保护带来了巨大压力，甚至很多文化遗产地的保护和研究机构，为了应对旺盛的旅游需求，疲于奔命，文物的生产性保护和学术研究工作受到不同程度的影响，甚至被搁浅。

过度的经济化考量，重旅游而轻文化，难免会损伤文化旅游的根本，所谓"皮之不存，毛将焉附"？被资本挟裹而开发文旅项目的"野蛮人"方式不可取。

### (二)体制与认知分歧

文化和旅游业的发展涉及林业、耕地、文物等诸多部门,目前政府分部门化的管理体制,使得地方在进行文旅融合考量和发展过程中,遇到诸多的体制性掣肘。虽然建立了文化和旅游部,但是其余各部门仍然会基于自身的利益,在各自的立场上进行思考,由于思考的角度不同,所以在文化旅游融合发展上仍面临着认知上的冲突。比如,当在一片基本农田下发现了重要的古墓,面对古墓的开挖问题,农业局、环保局、文旅部等,会有不同的想法和意见。观念冲突和体制障碍是文化旅游融合发展初期遇到的最大阻力,观念融合和体制改革、破局是当务之急。

### (三)地方内生动力不足

由于文旅融合这一概念被不断强调,部分旅游景区、旅游企业无中生有、移花接木,将本没有文化底蕴依托的旅游项目强行加上文化的外衣,以至于部分旅游项目中的文化显得空洞、庸俗、太过娱乐化。例如部分地区推出的"土匪抢亲""少女乳香茶"等项目,庸俗低下。

人们常说,旅游就是在自己活腻了的地方去到别人活腻了的地方,每一个地方都有自身独特的文化传统,由此衍生出的地方文化味道和文化情感,往往是游客最感兴趣的内容,一路旅途奔波,若仍然是千篇一律的"农家乐""迎门酒",游客必然感到失望、乏味。令人们感动而震撼的文化,是对当地历史的提炼、生活方式的展现、美好情感的传达,是由内而外散发出的,具有强大的内生性。这些内容和内涵的挖掘与呈现,需要借助外界的开拓和启发,更需要借助地方性知识体系、地方性叙事的系统整理和发掘。然而很多外部的专家学者、规划机构没有切身融入当地、没有足够的时间和耐心沉淀,走马观花逛一遍当地、一目十行地看一遍资料,便开始规划蓝图、指点江山,这种自上而下、外部指导内部的现象带来的地方文化旅游规划千篇一律,缺乏地方特性。

# 第二章

# 文旅融合的模式、路径与业态

## 一、文旅融合的模式

针对文旅深度融合发展这一新的时代课题,文化和旅游部强调坚持"宜融则融,能融尽融,以文促旅,以旅彰文"的工作思路,开启了我国文化和旅游产业发展的新探索。文化与旅游的融合,不是给旅游贴上文化标签、画上文化符号,两者融合发展不是简单相加,而是有机融合,不是单纯的"物理"叠加,而应是复合的"化学"反应。在新时代,如何更好地推动文化和旅游的深度融合,让文化旅游产业走向更有诗意的远方,需要我们不断探索。

表 2-1 文旅融合的模式

| 模式 | 释义 | 案例 |
| --- | --- | --- |
| 开发型融合 | 通过融合现有的资源,开发非物质文化遗产公园、博物馆等场所,向游客展示非物质文化遗产 | 英国都铎王朝时期的玛丽·露斯号军舰,历经30年的保护和开发,文物保护和建筑设计的专业人员对船体进行了恢复并量身打造了玛丽·露斯博物馆,吸引了超过925万人次的游客来参观 |

续表

| 模式 | 释义 | 案例 |
|---|---|---|
| 体验型融合 | 通过开发如节庆活动、演艺和体验类旅游活动，通过市场手段让游客参与其中，体验非物质文化遗产 | 对非物质文化遗产进行体验型开发，主要是对民间舞蹈、民间音乐和民俗活动等进行开发，形成综合性的旅游体验类活动，如苗族三月三、巴西狂欢节等 |
| 活化型融合 | 对现有的物质文化遗产进行延续利用与活化改造来发展旅游 | 马六甲和乔治市内一些具有历史价值的中国寺庙、西洋教堂、清真寺、印度神庙等仍旧发挥着其原有的宗教作用，而另一些历史建筑经过修复翻新，改造成博物馆、酒店旅社或餐厅等 |
| 延伸型融合 | 旅游业与文化产业互相延伸，从而实现文化与旅游的交叉融合 | 美国好莱坞影视基地、东京海贼王主题乐园、迪士尼乐园与迪士尼周边商品等 |

## 二、文旅融合的路径

文旅融合发展是一项系统工程，须统筹推进资源融合、产品融合、场景融合、产业融合以及市场融合等多路径。

### （一）优化资源组合，重塑产业品牌

旅游业是一种资源依托型产业，或建立在奇险奔放的自然景观之上，或依托于久远独特的文化资源。对文化资源的挖掘与开发，既包括对具有旅游开发价值资源的抢救、整理与呈现，也包括对已经开发利用的文化资源进行更深层文化价值的探索、研究以及创造性整合，达到优化旅游资源组合的目的。注重利用可视化载体对其进行全方位展示，以满足旅游者的心境体验，同时还要充分发挥其互动价值。在挖掘、整理的基础上筛选出核心文化价值，围绕核心文化价值开发出层次性、系列化和高品位的文化旅游产品，重塑民族文化的旅游产品和品牌形象。

## （二）创意旅游产品，丰富旅游体验

主题鲜明、层次丰富的旅游产品最能受到旅游者的喜爱，然而鲜明的主题常常离不开文化内涵，因此要充分挖掘当地的文化资源，突出旅游产品的文化性，凸显创意旅游产品对文化旅游需求的多元文化层次的关怀与满足。旅游产品的主题越鲜明，就越有利于创意主体分层次、多视角地进行展示和设计，为旅游者创造出层次丰富而体验深刻的旅游产品。用创意创造文化旅游产品，主要从三个方面入手：一是选准切入点，突出产品的层次性；二是提炼主题，突出产品的系列性；三是丰富文化内涵，突出产品的高品位性。

## （三）营造旅游场景，提升氛围吸引

随着社会发展和人们对文化旅游品位要求的提升，当今旅游整体环境的策划、设计和打造更应注重文化和人文内涵的挖掘，使游客在旅游的同时得到精神和心灵的体验和感受。这要求整个旅游环境要有新的表现方式，要突出创意文化、文化创新，通过创新思维推出创意精品，使整个旅游环境处处有创意，景景显文化，以地方旅游精品打造地方对外推广的亮丽名片。

## （四）创新营销方式，拓展客源市场

为了更好地发展旅游业，除了设计出有吸引力、创造力的产品外，还需要强化营销。构筑产品特色竞争力，用体验的创意思维创造旅游产品。旅游者的口碑来自于对旅游产品的体验。因此，体验营销需要旅游企业从旅游产品与服务的生产者转变成为体验的策划者，将旅游者感觉、感受甚至思维等诉求于旅游产品的创造，通过旅游者亲身体验，将旅游产品宣传出去；通过旅游企业倾心接受旅游者的反馈，不断完善旅游产品，提高旅游产品的吸引力。同时，灵活运用营销策略，针对不同的客源市场、不同的旅游人群、不同的产品体系，在营销主题、营销内容、营销形式、营销渠道等方面，运用不同的营销策略。

## 三、文旅融合的业态

### （一）主题公园

主题公园是以一种或数种文化内容为题材，加以体验性、娱乐性、观赏性极强的现场游乐项目，并且通过景区设计使其具有高度真实感的景区。整个主题公园的故事线索应在唯一确定的文化主题下展开，让人身临其境、尽情欢娱。一批批特色文化型主题公园正在吸引越来越多人的目光，文化与旅游在主题乐园得到完美融合。

例如，杭州宋城景区是根据北宋大画家张择端的传世名画《清明上河图》的原型打造的一个古城。宋城以"建筑为形，文化为魂"，景区聚集了各式老作坊，古老、神秘的中华手工艺在此一一呈现；同时，宋城景区将主题公园与旅游演艺紧密结合，打造出场面恢宏、精雕细琢的"宋城千古情"，以演艺的方式，将传奇故事、宋朝文化、当代生活活灵活现地展现在观众眼前。

图 2-1　杭州宋城景区

宋城以宋代文化为灵魂，找准项目主题定位，以"一个公园、一台演出"

模式将文旅融合做到极致，开创了以文化先行、体验式活动开发、旅游演艺与主题公园紧密结合的宋文化主题公园，实现了与其他相关产业的贯通，加深了人们对宋朝文化、杭州历史的了解，实现经济与社会效益双丰收。

## （二）旅游演艺

旅游演艺作为文化和旅游融合发展的典型业态，借由文化创意产业来驱动，对环境破坏最少，产生的效益辐射范围却最大，行业内公认，文化演出直接受益与其对周边相关产业带动效益的比例为1:7。从各地政府、文化和旅游行政部门重视、扶持，到旅游演艺企业积极创新、进取，旅游演艺市场越发繁荣；从大型旅游演艺高端、大气、上档次，到中小型旅游演艺灵活多样接地气，随着文化和旅游的融合日益加深，旅游演艺散发出更加夺目的光彩，"白天拍照，晚上睡觉"的传统观光游局面得到扭转。

旅游演艺可分为山水实景演艺、剧场演艺、主题公园演艺，最具代表性的当数山水实景演艺，即以真实山水背景为演出舞台，以当地文化、民俗为主要内容，通过歌舞、表演、互动等形式进行展示。由张艺谋总导演的中国首部大型山水实景演出——《印象·刘三姐》红极一时，截至2019年7月，接待国内外观众1800万人次，共演出7000多场，营业收入超20亿元。

## （三）文创街区

文创街区意即文化创意街区。目前，文创街区以线下文化集市、线上电子商务两种模式进行交易。通过创意街区的建设实现文创产业由个体向平台化的转型，实现"文创概念—产品制造—销售服务"的完整体系。通过为顾客提供多样化和体验性的消费体验，逐步开发出全产业链的盈利模式。

北京798艺术区原为原国营798厂等电子工业的老厂区所在地，城市的旧厂房总是神秘的，它们有着高耸的烟囱、斑驳的砖墙，还有空旷的仓库，然而当它们被赋予了新的生命后，天马行空的创意改造，又成为了城市最特别的存在。斑驳的红砖瓦墙、错落有致的工业厂房、马路上穿着制服的工人与打扮时尚、前卫的参观者相映成趣，历史与现实、工业与艺术完美地契合在了一起。这里汇集了画廊、设计室、艺术家工作室、时尚店铺、餐饮酒吧等众多的文化艺术元素，来自法国、意大利、英国等各类文化机构400余家。如今，798成为国内外具有影响力的文化创意产业聚集区，来自世界各地的艺术文化都在这里呈现。

### （四）文旅小镇

伴随着生活水平的提高，人们对文化旅游的需求也在不断提升，既要感受异地文化，也要享受便捷生活，文旅小镇受到了越来越多游客的喜爱。文旅小镇源于特色小镇，以旅游产业为核心，重在文化特色。是对当地的文化元素进行提炼，以文化创意为手段，将自然资源、人文资源、产业资源进行整合，以旅游产业为依托而形成的空间体系。其中，历史文化街区是重要的文化资源，它记录了当地一定时期的发展，承载着大量信息，包括精神与物质、生活与建筑，既是历史也是当下，具有较强的旅游吸引力。

绍兴黄酒小镇是一个以"黄酒"为核，以"文化"为魂，以"水乡、老街、古宅"为基，小而美、小而特的现代特色小镇，盛情演绎着"老绍兴，醉江南"这一绍兴城市新形象。黄酒文化不仅包括酿酒文化，还有包装文化、饮食文化、生活文化。绍兴黄酒小镇建设理念依托于黄酒文化及其衍生品，力图打造成文创旅游休闲度假养生的旅游景区。

### （五）文旅综合体

文旅综合体是一种在一定区域空间内包含多业态的文旅产品，突出特色和体验性，成为城市休闲度假群体的"新宠"。文旅综合体打造文旅商复合模式，通过文化主题，汇聚旅游、商业、休闲于一体，形成"文旅+住宿""文旅+科技""文旅+交通""文旅+体育""文旅+教育""文旅+地产"等多样化业态，以满足消费群体的需求，成为个性化商业模式。

深圳东部华侨城以文化旅游为特色，以"让都市人回归自然"为宗旨，在山海间巧妙规划了大侠谷、茶溪谷、云海谷三大主题区域，是国内首个集休闲度假、观光旅游、户外运动、科普教育、生态探险等主题于一体的大型综合性国家生态旅游示范区。"生态其外，文化其中"是东部华侨城所有景点的共同特色，每一处生态建筑，都有独特的文化内涵和使命。集成文化，体现东西方生活方式的交流和融合，从世界各地采集文化细节，融入东部华侨城的设计与布局，这种结合，不但丰富了景区的内容，还深化了景区度假产品的内涵，使得景区具有历史纵深感和时空感。

每天排号千万，等位2万，客流日峰值6.8万……这就是2019年十一期间长沙文旅餐饮综合体——超级文和友的惊人客流规模。近年来横空出世的超级文和友以"老长沙"为超级IP，以老字号美食为载体，布置了长沙20世纪七八十年代的城市记忆的深度沉浸式场景，汇聚美食、零售、休闲娱乐等多元业态，全方位还原老长沙文化与情怀，成为长沙文旅综合体新地标。

超级文和友的空间设计根植于长沙本土文化，以怀旧场景IP体验进行布局。褪色的红砖墙、四方桌等，还原了长沙旧时光，充满了市井烟火气息。每个楼层各具特色，以餐饮业态为主线，还穿插有老照相馆、理发铺、录像厅……等多样化生活场景，游客穿行其间，恍若隔世。超级文和友保留着地道老韵味，用地方老味道重新搭建旧时原真的人情味。

# 第三章

# 旅游 IP 的本质探秘

## 一、旅游 IP 的界定

古往今来，人们对于历史的解读不尽相同，既有官方认证以明志的"正史"，也有坊间流传以怡情的"野史"，但唯有将二者结合起来，才能让人深刻领略历史的魅力。历史有"正史"和"野史"之分，"正史"可以明志，"野史"可以怡情，"正史"和"野史"兼读才能更深刻地参透历史。关于旅游 IP 的解读也同样如此，IP 既有官方和专业人士给出的正统定义，也有特色各异、别出心裁的趣味解读。所以想要真正理解 IP 的内涵与深意，也需要从多视角切入，加以全面把握。

### （一）IP "本源说"

IP 是英文"知识产权"（Intellectual Property）的缩写。主要是指创作人对其创造的智力成果所拥有的财产权利。区别于传统的实物产权，知识产权是一种无形财产，是对智力劳动成果的一种专业排他权利。从其英文解释原意中就可以看出 IP 的两大核心要素分别为"知识"与"产权"。"知识"是人类创造的产物，"产权"是一种权利的象征。由此可见，IP 这个词身上最关键的元素就是知识与创造。当你创造出了某种有价值的成果，拥有了对它的所有权，才能实现商业变现，否则，IP没有特色创造，也就失去了作为IP的价值。反之，若只有权利，没有创造出的智力成果，在市场上也不会有人为其买单，同样达不到商业变现的目的。

通俗来讲，权利具体指的是对这个IP的所有权和使用权，这种权利决定由谁来享有IP产生的价值。而"创造"是指IP自身的独特性，正是因为这个IP具有独一无二、难以替代的价值，才会让别人产生兴趣，才会出现进一步为它买单的行为。打个比方：你在山里有一栋房子，这栋房子的所有权与使用权都归属于你，那么这栋房子是不是属于你的IP呢？答案是假若你没有对这栋房子的特色进行挖掘或创造，没有形成别人感兴趣的独特性，这栋房子就无人问津，那么它就不能被称为IP。但你假如对它进行特色挖掘，对它的历史由来、文化底蕴等进行挖掘、创造、呈现和传播，对它进行系统的规划建设并投入运营，让它在市场上产生了独一无二的价值，吸引到山外人的眼光，有人愿意排队为其买单，那么现在山中的这栋房子就成为了你的IP了。在以上这些过程中，无论是挖掘、呈现、传播、规划、设计、建设等，都属于对这个IP的创造活动，都是促使这栋房子成为一个IP的行为。挖掘、呈现、传播属于浅层次的创造活动，而规划、设计、建设、运营是属于深层次的创造活动。

## （二）IP"非常说"

"本源说"多由官方或专业学者给出定义，其特征是一板一眼、严肃正经。而"非常说"与其相比，最大的区别在于更加有趣活泼，常常发散至多元领域，衍生出新的玩法，更能让人们理解IP无限外延的内涵和可供多角度开发的内容。

在对IP角色定位的过程中，有人表示IP是起到桥梁作用的联结者。这种说法直接道出IP一个非常重要的功能——连接。一个好的IP通常会在上下游产业的各种业态和各类产品中进行沟通、串联。也有人提出将IP与地标进行类比，是一个在消费者内心中独一无二的"位置"。这种说法突出了IP另一个重要的功能——能够辅助消费者进行快速定位与决策。正是由于IP强大且鲜明的特色，在市场上具备强大的吸引力，所以IP能够在色彩缤纷的商品世界中脱颖而出，让消费者迅速判别这是不是自己所需要的商品，进而做出是否买单的行为。在这个 IP 中包含消费者所需的内在价值诉求，这些产品都是围绕这个 IP 衍生出来的。所以也有人说 IP 是一个主题，这种说法表明 IP 存在聚集功能，围绕 IP 这个主题可以进行多维度、多角度的开发，开发出特定的内容、产品、业态，进而吸引特定的消费群体做出消费决策行为。所以在某种意义上，IP 是一个集合体，集合特定的业态、产品、内容与消费者。

### （三）旅游 IP

IP 是带有特定的社群基因、集合特定消费价值观的一种商业权力。如果这种商业权力是诞生于旅游产业，或者可以作用于旅游产业链，那么它就可以被称作旅游 IP。无论是 IP 还是旅游 IP，它们的核心功能和主要价值就是影响消费者，成为消费决策过程中的重要号召者。

IP 与旅游 IP 是包含与被包含的关系，IP 包括旅游 IP。IP 在很多产业里都有诞生的可能性，比如体育产业链、文化产业链、农业产业链甚至教育产业链，都存在可以孕育 IP 的土壤。而这些 IP 只有与旅游产生结合后方可转化为旅游 IP。事实上，旅游 IP 是所有 IP 类型中复杂性、综合性最强的跨界 IP。所以，在某种意义上，任何一种 IP 都可以转化为旅游 IP，反过来，转化为旅游 IP 也是多数 IP 实现多元化发展的必经之路。所以由此可以得出一个结论：打造 IP 是打造旅游 IP 的前提，而打造旅游 IP 是实现 IP 多元发展的必由之路。二者间的关系密不可分，相存相依。因此在本书中，对于 IP 与旅游 IP 的划分界限不会那么分明，因为二者在很多时机下都可以互相转化、合为一体。只不过在时间关系上有前后置的差别，IP 是前置的，旅游 IP 是后置的，二者共同形成 IP 时代的亮丽风景。

作为文旅行业发展而逐渐映入大众眼帘的新兴事物，IP 其实并非诞生于互联网时代，例如迪士尼的米奇、唐老鸭，故宫的《清明上河图》《千里江山图》，等等。但是为何直到互联网时代的到来，IP 的价值才逐渐得到人们的重视与推崇呢？而又为何在互联网到来之后，IP 在纷繁复杂的商业世界中成为许多新生事物的聚类者,并对其进行定义与命名呢?这是因为在非互联网时代,各种信息的传递渠道较为封闭、有限,信息的产生与传输是在可控范围内的。但是伴随着互联网时代的高速发展,随之而来的是各类信息的全面爆炸,纷繁商业市场中信息的复杂程度几乎达到了失控的程度。在这个近乎失控的世界里,所有的商业信息、内容、场景不再是呈现中心化的趋势。这时候如果仍然依靠传统时代里中心化的各种渠道进行商业判断就会变得非常困难,并且也不可能达到精确的结果。市场消费群体开始割裂为多种多样的社群,传统中心化时代的品牌渠道成本高昂,更重要的是,时效性差,无法快速抵达受众人群。而在去中心化的互联网时代,IP应运而生,成为商业市场的救世主,可以很好地解决过去传统品牌渠道面临的低效传播尴尬处境,因为IP完全颠覆过去被动式品牌渠道,取而代之的是一种积极、主动的全新商业场景与内容分发机制,这种机制成本低廉,有时甚至是负成本,同时还附带有社群情感。因此,互联网时代在IP的主导下,消费者与生产者的地位、话语权得到了最大程度的平等化,消费者对于产品需求偏好的声音可以直接抵达生产者,影响甚至控制供应链端生产的可能性。在这样的场景下,传统品牌的影响逐渐式微,IP进而成为商业世界中全新的话语权掌控者。那么IP为什么会具有如此惊人的魔力呢?这是因为每一个IP都是在一个特定的社群消费过程中孕育而来,它天生带有这个社群消费的基因,一个IP就是具有相同或相似消费价值观的聚集体,正是由于具备着聚集消费价值观的能量,所以才能成为命名与定义商业的强势权力。

IP的变现价值主要体现在认知度、影响力、创新性上:

(1)认知度是纵向的,即名气的强度,如是不是有死忠粉,是不是具有历史。比如迪士尼,再如三国的故事,不仅有故事,还有广泛的受众。

(2)影响力是横向的,即影响具有可以"迁移"到各种载体的能力。影视、小说、游戏、评书、广告等各种展现方式的特点不同,从故事向具体形式的转化是变现过程中很容易出现阻碍的地方,这要看IP变现能不能顺利实施,能不能轻易达到变现的效果。

(3)创新性是满足公众文化需要的能力。例如迪士尼满足了人们寻求欢乐的欲望，蜘蛛侠满足了人们的英雄梦，科技创新带来了变现效率的提升。

## 二、文旅 IP 的缘起

IP 是文旅行业近几年逐渐映入大众眼帘的新兴产物，但它并非诞生于最近，其中许多 IP 诞生于久远的过去。比如故宫的《清明上河图》《千里江山图》等传统文化产物已经历经数百年，但直至与互联网文化碰撞后才被挖掘出 IP 价值，迸发出新的活力，成为活跃的新 IP。那么为何 IP 的价值在近几年被大量开发挖掘呢？其核心原因是 IP 可以作为文旅融合过程中非常有价值的内容元素进行开发，可以有效解决文旅开发中优质内容匮乏的尴尬处境。

价值源于稀缺性，具有独特产权价值的文旅 IP 主要源于以下三方面的稀缺：

### （一）注意力内容稀缺

在移动互联网加速发展的信息爆炸时代，信息碎片化趋势日趋明显，而大量的信息过剩必然导致真正吸人眼球的注意力内容稀缺，从而造成大量信息资源的浪费，这就是移动互联网构建的加速度时代，信息过剩而导致注意力稀缺的铁律。据统计，目前城市居民平均每天能接触到约 2000 条信息或广告，但是一天下来真正能被大众记住甚至讨论的信息寥寥无几，多数信息的制作和传输并没有达到其最初设定的目标。因此在当前这个注意力日趋分散和稀缺的互联网时代，一个具有"吸睛"能力的 IP 自然受到资本的追逐，而吸人眼球的关键则是在于持续输出原创优质内容的能力。

### （二）价值观体系稀缺

价值观、道德观、世界观等普世观念可以跨越文化差异、区域距离、时间等多种因素。价值观一旦形成，即使随着时间的流逝也很难有大的更改，当它作为一个精神标签时足以影响人类的精神世界。在从前物质极度匮乏的年代，人们渴求物质生活的满足。过去人们主要注重产品的实用价值，并且对价格非常敏感。全面小康时代即将到来，80 后、90 后甚至 00 后开始成为消费的主流人群。年轻一代的消费需求更加注重情感维系和场景体验，追求感官刺激带来的愉悦和心理认同感。因此基于人格化产物的价值观将会成为这一类群体的强力吸引点。因此，基于人格化层面的价值观输出、生活方式的倡导将成为商业 IP 的主流，此类 IP 将与用户的精神层面连接并最终实现自身价值的变现。

### （三）强连接内容稀缺

随着移动互联网时代的全面到来，渠道壁垒正在呈现不断弱化的趋势，传播受众不断细分；同时由于线上电商异军突起，导致消费端口被无限分流，能够吸引到强大流量的内容非常稀少。这也由此揭示了互联网时代的一个铁律法则：谁能吸引到更多的流量，谁才可以更好地生存。

由于 IP 具备自带流量的话题优势，能够不断衍生和再创造优势内容进行传播，并且差异化人格魅力足够明显，由此在互联网时代，IP 能够形成连接消费者的强关系链条。一个好的 IP 往往同时拥有三项特质：优质的原创内容、强大的流量吸引、人格化的标签。这三个方面可以帮助我们深化对 IP 的理解，IP 是拥有优质内容、能够自带流量的魅力人格产物，可以从创造内容和搭建价值观方面构造强势的流量入口。

## 三、超级 IP 的特征

### （一）独特性

一个旅游超级 IP，等同于一个独一无二的商业帝国、文化独立王国，它的独特性是贯穿始终的，从诞生伊始就抢占了强大的 IP，然后用旅游体验的方式将其落地成项目。本来一般的项目都会存在发展瓶颈，但 IP 后期所面对的线上转化、虚拟世界、品牌售卖，则可以有更广阔的天地，这就是 IP 这一个强大的系统构成的独特性。

迪士尼 IP 是从动漫开始，到出版、电影、主题公园一路衍生发展下来的，但是，它最核心的独特性其实在于它背后的美国文化，正是美国文化的冒险精神、美国文化的新教伦理、美国人的特立独行，以及构成美国这片土地的一切特别精神的集合，奇迹般地将一只人人讨厌的老鼠变成了全世界的娱乐偶像。

## （二）引爆性

在基本的旅游功能都已具备的前提下，最需要某种力量来引爆项目。这种引爆力量可能是主题，可能是故事，可能是形象，也可能是它们的复合功效。

但当这一切都失效的时候，就需要从更多的方面来考虑问题。考虑破题的方式必须是创造性的，一锤定音，一步到位。

以丽江为例，丽江多年前的 IP 是"柔软时光"，其实这也是一个非常好的 IP，但是还不足以引爆。于是，后期又经过营销策划，打造出另外一个 IP——"艳遇之都"，与之前的"柔软时光""东巴古城"相结合，引爆就进一步到位了。疯狂的引爆来源于对资源的深度挖掘，当挖掘出足够的种子资源之后，结合市场的需求，进行转化，或者找到新的表现方式，就能适时引爆。

## （三）互动性

超级 IP，是一个开放的、活性的，不断长成、不断叠加乃至补充修正的系统，它的每一个环节，都可以产生彼此连接和互动。

它可以从 IP 确立之初就和潜在的消费者互动；它可以在项目推进的过程中就有趣有价值的意见留下交换的接口；它可以为特别的圈层、特别的消费群体形成定制式的服务内容互动。举几个超级 IP 互动的例子，比如说日本的白川合掌村，景区的民宿每年都要翻新，于是策划者顺水推舟就做出一个互动 IP——游客参与翻新，每年报名者都超过数万人，这是一种体验，更是一场主客互动。比如黄山，根据一个传说，设计出恋人锁 IP，让恋人们在天都峰的护栏上交叉锁上两把写有双方名字的锁，如同两颗心在为彼此跳动，让黄山的青山白云为爱作证，互动性一下子就活起来了。

### （四）延展性

文旅产业本就是一个开放系统，它们都是在一个强大的 IP 引领下，探寻小 IP 的协同共谋。大 IP 一启动，作为一个理念、一种感受、一个主角、一个故事等，小 IP 便随之蔓延开来。这些环节之间既要形成一个闭环，又要各自生长。以千岛湖为例，千岛湖是一个由一千多个小岛组成的水体度假旅游目的地，这就是它的大 IP，但这个 IP 只是千岛湖的天然资源，并没有呈现在它的业态之中。策划者关注到一个细节，在千岛湖的众多小岛之中有个叫杏湖的小岛，上面有一片连廊，属于千岛湖比较偏僻之地，平常很少人光顾。策划者模仿了黄山的恋人锁，且将它进一步升级，称之为"连心桃"。里面还有个充电发光的小灯，寓意"心心相印（映）"，年轻人趋之若鹜来到这里，杏湖小岛如今变成了一个求婚胜地。但是由于电池电量原因，发光灯的设计是三个月会熄灭，必须重新换电池充电，所以很多人在结婚纪念日、生日的时候，就会来杏湖小岛故地重游。于是，一个延展型小 IP 的打造，盘活了景区中一个被人遗忘的角落，而且还通过一盏灯，在游人和景区之间搭起沟通、复游的桥梁。

### （五）符号性

用什么方式可以准确把握你的客群？这就是符号。比如，使用同类品牌手机的人群就是一种符号化的分类；三口之家一起出游的也是一个符号化的群体；旅行结婚的是，自驾游的是，某个特定地域的人是，失恋的人是……只要去分，你几乎可以给所有人一个符号化的分类，这就是社群经济，圈层经济的基础。

文旅业态卖的也是符号。售卖"老家"，或是"最美乡村"，或是"艳遇之都"，或是"发呆"，都是一种象征符号。售卖生态、售卖独特的活动、售卖一种野花，皆如此。售卖一种欢乐，售卖衍生品，其实就是把它和各种各样的产业跨界联合，都是属于售卖符号。

## 四、文旅 IP 价值解读

### (一)超级 IP 的目的地价值

#### 1. 超级 IP 优化目的地治理与效率

在传统的目的地治理模式下,不同的职能部门间存在一定程度的行政壁垒,有时也存在权利、责任不协调的情况。但是超级 IP 可以打造全域治理、通力合作的目的地治理格局。通过超级 IP 构造治理模式,可以最大限度地协调治理过程中的利益冲突问题,冲破行政部门间的壁垒矛盾,构建全域治理的全新模式。这是因为超级 IP 的诞生和打造过程可以最大限度地统一各个主体对于治理体系的思想,塑造一个被大家普遍认可的治理目标和治理价值观,达成共识。同时各个部门在 IP 的指引下,原本存在的利益矛盾与冲突也可以得到有效的缓解。由此,也就形成了全域共治、全域共创、全域共享、全域共赢的目的地治理新局面。

以日本熊本县的熊本熊为例,当时为了扩大熊本县的影响力,发展旅游产业,在经过激烈的讨论和反复的论证之后,各方决定将熊本熊这个卡通人物作为熊本县的营业部长兼幸福部长,而且运用拟人手法,给熊本熊配置专门的办公室,将它纳入当地的公务员队伍中。熊本熊的主要工作任务就是向外来游客介绍熊本县的美食、文化、美景、美宿等,让人们感受到熊本县的独特魅力,对其产生探索冲动。最后"熊本熊"这位熊本县的幸福部长风靡全球,并由此带动了熊本县旅游业的迅猛发展,熊本县也由此成为了日本最具吸引力的旅游目的地之一。因此可以看出,从全域旅游的视角出发,熊本熊这个 IP 极大地协调了熊本县行政部门的工作,塑造了得到普遍认同的价值观,统一了各部门的行动,最终构建起全域共治、全域共创、全域共享、全域共赢的目的地治理新局面。

**2. 超级 IP 传承和创新目的地文化**

目的地文化的传承和创新一直都是一个难题，很多目的地的非物质文化遗产都面临着失传的危机，更不要说创新了。尤其是在科学技术加速发展的时代背景下，层出不穷的科技产品让人类的生活方式极速迭代，人们的注意力都被新的科技亮点所吸附，很少再愿花时间去关注这些传统文化。

如何解决传统文化传承和创新的困境？超级 IP 就是一种很好的解决出路，因为超级 IP 能够在过去和未来之间构建起一种"强连接"，所以超级 IP 是打通过去和未来的一把文化利器，是构建目的地文化生态的核心依托。

以台湾白米社区的木屐为例，1994 年，"白米社区发展协会"决定围绕着木屐来发展当地的旅游业和手工业，将传统的木屐文化与现代文创产业相结合，打造出了一条木屐产业链。木屐产业链上有彩绘木屐、鸳鸯木屐、玲珑木屐、木屐聘书等，后来又继续将传统木屐文化不断创新延伸，开发出与现代人生活需求更贴近的木屐舞蹈、木屐咖啡等产品。通过木屐产业链的打造，如今白米社区实现了传统文化在新旧代与代之间的传承，既延续了文化血脉，又实现了社区经济产业的发展。可以说，通过创意，木屐成为了一个非常具有地域特色的超级 IP。

**3. 超级 IP 优化和重塑目的地产业**

对于一个以旅游产业和文化产业为主导的目的地来说，超级 IP 必然是目的地产业体系的核心。每一个目的地产业集群、每一个目的地业态组团、每一个目的地产品品牌、每一个目的地创客聚合体，都应围绕着本土化的超级 IP 来构建自身的发展策略和行动策略。可以说，超级 IP 是目的地产业体系的灵魂，失去这个灵魂，目的地产业体系就如同一盘散沙。目前来看，国内的很多目的地产业体系正是缺少一个独特的超级 IP，所以，才会造成其产业发展难以实现转型升级。

超级 IP 的产业链价值在于能够将某个产业环节的流量迅速导入到整个产业链中，从而形成产业链内部的流量共享机制。而在没有超级 IP 的时候，往往单个产业环节的流量是封闭的，因为流量缺乏向整个产业链迁徙的动力。所以，在这个意义上，超级 IP 能够通过流量赋能盘活目的地的产业体系。

以赛事 IP 为例，一个赛事 IP 一般都会联动体育场馆 IP、俱乐部 IP、体育明星 IP，形成一个场景 IP、团队 IP 和个体 IP 的集合体，这个 IP 集合体蕴藏着巨大的辐射力，一旦植入到目的地，就会形成较长的体育产业链和旅游产业链。流量也会从体育场馆 IP、俱乐部 IP、体育明星 IP 中迅速向体育产业链和旅游产业链的各个环节扩散，形成丰富的变现模式和交易场景。

北京冬奥会的举办就是超级 IP 重塑目的地产业链的一个经典案例。在其申办成功之前，张家口崇礼仅仅是一个区域性的滑雪目的地，如今，整个世界的目光都聚焦到了这里。资金方面，国家巨量的公共投入和民间资本投入的双重叠加效应让这里获得巨大机遇。人气方面，大量国际冰雪爱好者和专业选手相继聚集在这里，形成了非常优质的人流。同时，北京冬奥会这个超级 IP 也催生了一个冬奥都市圈，在冬奥都市圈中，未来将形成一个以冰雪运动为特色的巨大的白色经济生态圈。

### （二）超级 IP 消费市场价值

#### 1. 超级 IP 提升消费者决策效率

在茫茫的商品海洋中，每一位消费者都难免会有焦躁感，不知道如何买到适合自己的产品，不知道如何快速做出正确的购买决策，不知道如何去判断一个产品的综合价值……总之，很多消费者都在不知不觉中患上了选择困难症。而超级 IP 一旦产生，就会成为一个购买决策的加速器，就可以帮助很多消费者在很短时间内找到最符合自己价值观的产品。因为超级 IP 已经在价值观上征服了消费者。对于消费者来说，只要价值观上取得了认同，其他的一切问题就不在话下。所以，价值观是消费者购买决策的第一个环节，这个环节打通了，消费者的决策效率也就大大提升了。

#### 2. 超级 IP 拓展市场的消费边界

在传统的消费时代，消费者往往在一个特定领域里会认准一个特定的品牌，以此来确定自己的消费边界，比如，在选择饮料时，就认准某个品牌；在选择电器时,又认准另一个品牌;在选择衣服时,再去认准另一个品牌……而在超级 IP 时代则完全不同,在超级 IP 时代,消费者只需要认准一个 IP,就可以进行跨行业与品类的购买行为。因为企业完全可以围绕一个超级 IP 进行跨界生产,消费者自然也就可以围绕一个 IP 进行跨界消费。之所以会出现这样的情况,有两方面原因:一个原因是消费者选择商品的标准发生了变化,将 IP 价值作为了选择商品的首要条件;另一个原因是科学技术条件已非常成熟,供应商体系也非常健全,只要有了 IP,企业进行跨界生产的成本和壁垒都大大降低。

## 五、文旅 IP 发展新格局

### (一)产业重构文旅 IP

中国的旅游业经过数十年的发展,现在正进入提档升级、转型发展的关键时期。目前,正在三个方面进行重构,第一方面是市场组合在重构,第二方面是产业结构在重构,第三方面是投资重点在重构。

传统时代的旅游模式是以旅游产品的生产商和旅行社等中间渠道商为中心展开经营,但随着大众旅游时代的到来,以游客为中心的模式正在逐渐成为主流,尤其是与移动互联网时代发展的对接,进一步加速了这个转变趋势。从前传统的渠道商的旅游经营活动主要依靠各个环节中的信息不对称在其中赚取差价,但是互联网时代让一切信息和价格全部透明化,传统的渠道利润被大幅压榨;同时旅行社跟团游之类的产品同质化严重,倒逼出了诸如高端定制游之类的全新业态。

另一方面,新时期发展背景下的游客提出了新的需求,过去在追新猎奇心理的主导下,游客的主要诉求是参观新的景点。但是现在的游客更加注重旅游过程的体验与感受,他们不再愿意参与、配合繁忙紧凑的团队游览行程,每天起个大早赶车去景区,匆匆游览拍照后吃千篇一律的团餐,晚上又无聊睡大觉。现在的游客更加青睐舒适自由且能自主的游览方式,这由此导致了市场供给端必然发生深刻改变。正如驴妈妈创始人洪清华所说，现在中国的旅游时代从美景时代向美宿时代转变过渡，2015年驴妈妈的大数据显示，中国绝大部分的著名景区景点游客量是下降的，然而长三角的非景点旅游已经占到65%以上。乌镇东栅的游客量在下降，而西栅的游客量却在上升。千岛湖景区游客量在下降，但是去千岛湖的人次却增长了很多，因为现在去千岛湖的游客有一部分不进景区了，而是住度假酒店。"为住酒店去旅行"成为一种趋势。这也揭示了另外一种潜在的发展机遇，针对帐篷客群体，可以将帐篷做目的地酒店而非传统的景区酒店。对于这一神操作，驴妈妈给出了答案：第一步，与外部资源展开协调、合作，将帐篷酒店引入整合，将周边的景区、特色餐饮、特产之类的进行打包，游客来到帐篷酒店后用的第一餐可能是帐篷酒店专门提供的特色菜品，但是后面的行程帐篷酒店并不会对其进行强制安排，而是会为客人推荐附近的特色餐厅。因为只有真正满足顾客需求，站在顾客角度去想问题，被顾客认可才是帐篷酒店真正的价值。

第二个方面是旅游产业结构正在发生重大变化，以前的旅游产业资源主要掌握在旅行社手中，一切资源由旅行社进行配置，其旅行路线、行程大致相同，早上早起看景区，中午吃统一预订的团餐，下午再匆匆忙忙奔赴下一个景区，实行全程一个打包价。由于过去的游客消费水平普遍偏低，很多方面受到限制，但是又想游览祖国的名山大川，体验差异化文化氛围，因此大多只能选择跟团游，从而落入"来也匆匆，去也匆匆"的常规旅游怪圈。

但是现在时代发生了深刻改变，未来的旅游发展趋势一定是围绕酒店、美食、休闲体验为中心的，出门旅游是为了放松身心，追求差异化的生活体验。但是一价全包模式的跟团游决定了只有发展同质化和规模化才能低成本销售，从而也衍生出了"零负团价"等行业乱象，目前国家有关管理部门重拳出击打击不合理的市场竞争行为，倒逼旅游产业改革。如今的各项旅游产业配套一定是围绕美景的，按照全域旅游时代发展理念打造出的景区才不会被时间淘汰。但仅有景区肯定是不够的，门票依赖型、孤岛型、单一型等景区是肯定会被时代所淘汰的，它们已不适应全域旅游时代下的市场需求了。

在这方面做得比较成功的是安徽宏村，目前宏村正逐渐向联动型景区过渡。光围绕景区是不够的，单一型、孤岛型、门票依赖型的景区旅游一定会向全域旅游转变。现在来看，宏村门票收入在整体收入中占比不到2/3，成为了联动型的景区，变为一种重要的引客要素，这是非常重要的转变。同时，交通基础设施的高速建设拉近了区域间的距离。徽杭高速开通运营之后大大缩短了上海到黄山的路程时间，现在仅需2个多小时。这说明由于市场消费需求的变化正在导致整个旅游产业的资源发生重新配置，从而进行产业重构。在这样的重构中，旅游资源的供给者、旅行社或其他中间渠道、游客三者的关系发生了根本性变化，中间渠道者的话语权在下降，游客的力量正在快速突显，逐渐掌握了选择主动权。

第三个方面是旅游投资重点在重构。在过去的很长一段时间里，中国旅游投资对象是基础设施建设、城市型主题公园、旅游地产综合体等，投资来源主要是国家在航空、铁路、公路方面的大量投入，让游客的出行方式更为多样，出行范围不断扩大，到达旅游目的地更加便利。由政府来主导基础设施建设过程，大型企业集团或各类民间资本是旅游地产投资的主导者，例如华侨城集团、万达集团等。这是因为旅游的前期投资大，投资回报周期长，投资风险较大，因此需要依赖地产收入来补贴旅游投入。但是随着我国旅游发展越来越成熟，进入大众休闲旅游的井喷时代，各类基础设施基本完善，而消费市场需求越发旺盛，这对市场上的旅游投资者发出了新的信号。现在旅游投资正在转向能带给游客体验的核心项目，而这些项目的回报周期相对较短，收入也相当可观，一时间出现了多个投资热点，尤其是景区提升类和休闲度假类的项目投资占比越来越大。

优质IP对于外在的贡献是能够带动相关产业链发展一个高质量的IP，但更重要的是可以内生出强大的文化基因，那么如何为好的IP提供一个可持续发展的环境，是目前IP发展过程中不可忽视的重要问题。整合产业资源，促成多方合作，将最终促成IP形成其特有的文化属性，影响和带动更多产业端的健康发展。

## (二) 文旅IP的嬗变

### 1. IP基因化：构建价值观输出流量入口

超级IP的存在好比一个新的生命，打造的过程必须也只能从自身基因开始，才能具备长久旺盛的生命力。差异化的基因衍生是IP的核心价值主张，这也是使顾客做出消费决策的关键。如今随着整体国民经济水平的提高，物质丰盈的时代下消费者的物质需求大多已经被很好地满足，因此对于供给方来说基于产品和功能实用性的营销理念已经失灵，如今的消费者更加注重情感上的回应和温度感知，产品与消费者之间情感的联系成为重要的流量入口，成为消费者心中最重视的东西。这反映出好的内容背后是被认可的价值观取向，价值观能折射出一类人共同的情感需求、价值取向、生活方式。因此当消费者的心理动机从"需要"提升到"想要"的阶段时，基于价值观驱动的人格化IP会成为潜意识里最直接的吸引路径。

IP的核心是人格化，消费者掏出的真金白银实际上是在为IP形象背后的人格化买单，只有当IP具有人格化时才拥有了与粉丝建立情感联系和聚集流量的能力。比如《冰雪奇缘》女主角同款裙子在美国卖出了300多万件，收入达到4.5亿美元。如此热销的原因除了裙子样式美丽之外，更重要的是它是女主角美丽善良、勇敢开朗人格的外在化呈现。同理的还有《美国队长》的各类衍生物，我们愿意为这些衍生品买单是因为看重美国队长是超级英雄，代表正义与自由。小时候大多数女生都喜欢看《白雪公主》，也是因为喜欢白雪公主善良和漂亮的人格化特征，IP内容需要人格化表达的深层原因也正是基于此。

近年来，故宫文创的系列产品风靡朋友圈及各大社交媒体，掀起了国内文创的热潮，许多企业、景区和博物馆都纷纷效仿。不得不说故宫的文创开发思路和取得的成绩是令人欣喜的。但是透过现象看本质，故宫的文创IP开发尚处于初级阶段，目前其文创产品仅仅是基于文物形体的外在活化的衍生开发，"萌"系列产品的开发是文物活化的一种方式，但是如果故宫仅仅只有"萌"，长久以往也会产生审美疲劳。IP并不是一味简单的形象衍生，一方面需要塑造有强视觉辨识度的产品，比如金箍棒、盾牌、哈利·波特的扫帚等符号，但是另一方面是对 IP 人格化的塑造，通过"外在标志性符号 + 人格化"才能构建真正的超级 IP，逐步构建有长久市场生命力和自主的 IP 文创品牌资产。

**2. IP 符号化：创造独特的超级 IP 符号**

符号的意义在于可以使 IP 能够被快速记住和快速发现，任何一个 IP 都需要开发出一个符号进行承载 IP 形象，并以此来连接消费者和产品的情感，产生连接价值。这个符号会使目标受众一看到符号，就立即可以产生品牌联想。每一个超级 IP 都需要构建自身的符号体系才容易被记忆和传播。例如熊本熊的黑红颜色、标志性腮红、招牌动作、呆萌贱的人格等都是 IP 符号体系，也就是一套完整的视觉识别系统、行为识别系统和理念识别系统。本质上 IP 符号就是人人都能理解、记忆并快速识别的符号元素。

例如，落地创意（武汉）为秭归文旅打造的湖北秭归县专属的"天问宗家族"IP 形象，依托的就是秭归屈原故里的代表形象——屈原。湖北省秭归县是中国战国时代楚国伟大诗人屈原的故乡，屈原文化已成为秭归的代表文化；同时从 2012 年起，国家文旅部、国家节庆办把秭归作为屈原故里端午文化节永久举办地。鉴于此，落地创意采取快速占位策略，孵化了一整套秭归天问宗家族"一大三小"的 IP 形象体系，即"屈大夫、橙小秭、舟小龙、粽小归"；同时，策划、设计一批 IP 衍生品，并构建了 IP 形象如何在景区场景中系统化应用的方式。推行了"IP+ 产品开发""IP+ 商业业态""IP+ 品牌营销""IP+ 景观小品"等融合模式，通过系统化的 IP 导入，实现 IP 价值的最大化。如今，"天问宗家族"一大三小形象已成为秭归县的精神符号，同时也成为秭归县旅游对外营销宣传的形象符号。

**3. IP 多元化：打造立体化文旅 IP 物种**

一个经典的 IP 可以经受住时间的考验，跨越时代的代际和空间的距离，历经数十年，从地区走向全世界。现在我们很多时候谈到的 IP 是 IP 角色而非 IP 运营，但是实际上，IP 角色只是 IP 体系的起引领作用的驱动者，IP 运营才是 IP 体系最重要的环节。

谈到IP，我们很多人脑海中第一个想起的可能是迪士尼。迪士尼作为世界上拥有最多IP权益的巨头，是IP界的经典范例。2009年迪士尼以42.2亿美元成功收购漫威动画公司，从而取得大部分经典IP角色的所有权，例如蜘蛛侠、钢铁侠、美国队长、绿巨人、黑寡妇、金刚狼、雷神、超胆侠、奇异博士、恶灵骑士等8000余名动漫角色，另外还有复仇者联盟、X战警、银河护卫队等超级英雄，目前迪士尼已经拥有上万个IP角色。储存量如此丰富的IP宝藏让迪士尼拥有了更大的发挥空间，但如何运营这些优质的IP资源又是另外一个命题了。迪士尼的成功之处在于，从IP商业化运营的角度，将5000个IP角色看为一个大的家族，而不是各自独立的个体。比如蜘蛛侠的故事延续40年，以蜘蛛侠为中心构建起较为复杂多样的关系网络，他的身边有很多朋友，也有很多敌人，所以蜘蛛侠家族可以衍生出上百个故事吸引观众。同理，绿巨人、X战警都可以复制这样的模式。文化IP的角色孵化只是起始点，持续的运营和IP人格化的打造才是关键。这个过程是可持续进化的，是不断添加新想法、新元素，在延续旧形态的基础上，覆盖新形态的过程。

**4. 体验场景化：营造最佳IP交易场景**

拥有IP角色是创造消费场景的起点，更为重要的是设计消费过程中的体验，尤其是赢得消费者在精神层面的高度评价尤为重要。目前，顾客消费大多都发生在一个特定的场景中，所以近年来场景至上成为付费理念中的首要因素，促成顾客在场景中的即时消费是一个重要的挑战。

（1）参与感

消费者的决策心理在近年来发生了巨大的转变，早期是功能导向型消费，影响消费者决策最重要的因素是产品性能。后来逐步发展成品牌导向，注重品牌价值，到最近被热捧的情感体验导向型消费，现在市场消费向参与式需求导向型发展的趋势已成共识。目前，消费者消费的不再是产品，而是参与活动的体验感以及对产品评价的话语权。游客不仅是游客，更是旅游景区活动的参与者，由此入手才能打造景区与游客之间强关系联结的链条。比如上海迪士尼除了是一个令人心驰神往的主题乐园之外，对于很多女孩子来说，迪士尼还是一个梦幻的求婚胜地，与其相关的元素是"浪漫"这个关键词，因此根据这种市场需求的变化，迪士尼已经在进行产品供给的创新，开发与婚庆旅游相关的场景设计。

总之，现在消费者对于产品的消费已不再是单向的，而是相互影响的，只有当顾客与产品之间建立起情感连接，产生人性温度，才能塑造更强的粉丝黏性和忠诚度。因此现在影响消费者决策最重要的因素已经不再是产品本身的功能，而是产品本身能否与消费者产生情感共鸣。

（2）仪式感

现代生活的仪式感近年来被大众反复提及，从价值观的角度进行剖析，仪式的背后体现的是价值观至上的视角以及对人生意义的追求。仪式感对群体的影响从本质上来说是对一种流行文化和生活方式的倡导。消费者很容易被通过仪式表达出来的群体情绪感染，从而在不自觉的情况下跟随群体文化的浪潮。这种群体性的无意识共同行为具有很高的商业溢出价值。那么回归到商业逻辑上，人作为一种群居型动物，天生是带有社群基因的，因此不可避免地会被产品中的文化基因所感染、打动，这也是人们参与社交的心理基础。仪式感在其中扮演的角色就是在文化创造发酵的过程中催发人们的认同感、激发人们高昂的情绪价值。

（3）信任感

信任感是IP与粉丝产生连接的基础。在IP的创造过程里，用户是处于前置位的，即先有用户，而后再有产品。如果用户与产品之间本来就存在强关联关系，那么用户为产品买单就顺理成章。作为产品供给端的企业只要能将这种强联结关系进行疏导和分流，提供给用户所需要的内容（产品），与用户建立起良好的沟通、交流机制，那么在某些交易场景下，连产品都不重要了，重要的是用户对产品的信任感能够导致用户愿意为产品买单。这种基于情感联结的消费心理所带来的巨大商业红利在传统的商业时代是不可能发生的。

**5. 运营专业化：培育产品持续生命力**

一个超级IP的创造过程中运营能带来的力量不可忽视，超级IP产业链的每一个环节都需要极强的运营能力，这也是目前中国文旅产业市场中尚未填补的空白点。IP 运营的作用就是建立 IP 与人的强关联，获取人对 IP 的信任感，节省人们的消费决策时间，提高决策效率。很多人在谈起 IP 的时候会将 IP 的成功归因于拥有优质的 IP 内容，例如《复仇者联盟》系列电影的成功是因为超级英雄们的角色设计成功，按照这个逻辑，《大圣归来》和孙悟空的经典角色形象一定能够确保其衍生产业开发成功。但事实上来看，国产动漫 IP 和主题文化 IP 的运作更多的是依赖门票经济或者单一环节的收入来源，很少对门票以外的衍生行业进行延伸开发。问题的关键在于缺乏专业的商业化运营手段，国产 IP 的经济模式是前端经济，在衍生经济方面软肋明显，因此至今仍未构建起一套成熟、完整的商业 IP 运作体系，只有充分理解 IP 的核心是内容、是品牌、是资产，才能运用正确的商业手段去运营。

如果没有形成产业链条，没有充分的市场认知，没有广泛的粉丝作为这个行业的经济的支撑，没有知识产权的 IP 就只能是停留在纸面上的一个形象符号而已。目前国内的 IP 企业，多数只是打着 IP 幌子的角色制造者，其实只是在前端的符号形象设计环节进行摸索，而不是真正意义上的 IP。一个好的 IP 是绝对离不开运营的，并且是围绕"人"这个中心体，而不是以产品或者内容为核心的传统经营逻辑。只有当用户在心中对其产生情感共鸣并且愿意自发地与他人进行分享的时候，它才能称为一个好的 IP。这些过程都需要精细的包装与策划、商业化经营和产业化的运作，并且慢慢发展成为社会大众认知、接受的变现模式，才能形成优质 IP。

在旅游开发的过程中怎样能做到将我们想讲的故事与 IP 进行结合，在 IP 的创造过程中如何使 IP 落地，并在落地后进行角色开发至关重要。比如在蝙蝠侠乐园，并不是所有的游客都想成为蝙蝠侠，可能也有其他角色的追捧者。在故事创作里如何将 IP 和团体角色更好地结合在一起很关键。由于众口难调，有的游客可能喜欢加入战斗力组织对抗邪恶，有的可能喜欢单纯的玩乐，有的 IP 注重环境与氛围的打造，重在塑造游客的体验感受。比如指环王中的大部分场景都在中土世界，围绕这个 IP 进行的故事创作的目标是让游客体验中土世界的别样风情。目前国内很多 IP 的生命力不足，活跃周期较短，很容易出现昙花一现的尴尬场面。尽管在推出时获得了较高的关注度和曝光率，但是在注意力稀缺的时代却很难在后续的运作中持续吸引消费者的眼球，此后将难免陷入 IP 不断贬值、难以自拔的困局中，后续 IP 的持续运营和商业变现会变得越来越难。因此打造真正的 IP 是一项持续工程，需要我们从关注人性的深层需求出发，有一个强有力的深度运营模式和团队进行专业化运作，唯有如此才能实现 IP 长久、旺盛的生命力。

### 6. 发展平台化：构建完整的 IP 生态圈

IP 是把各类协作主体、各类资源和创意形式进行广泛的连接，实现更加高效的生产，而不是单纯封闭或独立创造。一个成熟的优质 IP，涉及很多方面，比如知识产权的保护、衍生品的开发与销售、主题店的打造，甚至有可能涉足商业地产项目，随着需求的不断增加，链条不断延长，由点到线，由线及面，逐渐形成超级 IP 的生态平台。近些年"IP+"成为潮流趋势，超级 IP 开始扮演超级连接器的角色，"IP+影视""IP+产品""IP+民宿""IP+娱乐"等，渐渐形成以 IP 为核心的平台体系。在这个体系中，资源、产品、渠道、交通、投资、运营自然而然地汇聚成产业链，覆盖有关这个 IP 的方方面面。以韩国 LINE 为例，2011 年 LINE Friends 以移动通信软件"LINE"为主题的贴纸角色诞生，在 2015 年 3 月由 LINE 的事业部转变为独立的子公司，继续推进相关表情符号及衍生开发事业，拥有包括布朗熊、可妮兔、莎莉鸡、杰西卡、蛙里奥在内的多个人气 IP 角色系列。之后 LINE Friends 从表情包向衍生品、视频、动画、主题乐园、出版、连锁实体店销售等多个领域延伸，构建从符号元素向商业变现的生态链平台。这样具有自主性的平台化运营模式摆脱了对 LINE 社交软件的依赖，实现延长了 IP 的生命周期，获得更大的商业发展空间。现在全世界一共有 45 家主题商店，得到许可的商品品种超过 5000 种，围绕人气角色的商品开发和销售正在不断地进行中。超高的认知度、庞大的粉丝人群，使其具备依靠表情包年收入 17 亿韩元的吸金能力，LINE Friends 成为韩国文化输出的一张超级名片。

# 第四章

# 文旅超级 IP 的智造

## 一、文旅 IP 要素与构成

文化旅游 IP 是文化智力活动在旅游领域的实践运用，是基于某一地区整体地域空间背景下展开的，所以文化旅游 IP 的产生离不开旅游语境本身，内容的打造和人格化的形成则需要对当地文化本底的深刻认知，离不开对当地文化所传达的价值观念的理解。选取合适的载体，进行场景设计与创意表达，是文化旅游 IP 得以成型和成功的基本前提。

### （一）文化本底

从历史的角度看，现存的每一寸土地、每一个聚落或城市空间都承载着或轻或重的历史。有已故的人物与其永存后世的故事，有散佚的史书和永续传承的文化。人类的旅游行为是对天性的解放和抒怀，也是对历史文化的缅怀与感悟。游，是一种状态，也是一种态度，更是一种生活方式。所游的是秀山丽水，是风土人情，更是文化历史。

真正有生命力的 IP 是对文化素材的挖掘，而不仅仅是期望靠短期的爆款走红。如果没有充分挖掘历史文化资源或者对其一知半解，则打造出来的 IP 缺乏文化的持续支撑，爆红一时，随后难免昙花一现、销声匿迹。

我国文化产业近年来一直处于高速发展状态，且依托中华文化的深厚积淀，仍将长期持续增长。从2015—2018年文化产业相关数据上来看，不论工业产品、服装、建筑、家居产品还是影视作品、游戏、动漫、音乐，传统文化元素的影响越来越大。截至目前，我国拥有：

50处世界文化遗产，居世界第一

5136家博物馆

1.08亿件（套）馆藏文物

每年10.08亿人次博物馆观众

39项世界级非遗项目

1372项国家级非遗

13 087项省级非遗

这些文化遗存具有强大的文化影响力，记录着中国传统审美与文化诉求。丰富的中华文化遗存，是中国打造文旅IP得天独厚的优势。文旅从业者必须懂得如何运用这些优势文化IP，并将其内化成自己的创意资本。故宫博物院的绘画、敦煌研究院的飞天、陕西历史博物馆的香囊、四川的剪纸、山东的锡雕、河北的京绣、湖北的编钟，每样物件背后都有数不清的故事待挖掘，如今，也被越来越多的人认识并喜爱。"古画会唱歌""敦煌灵境"等视听盛宴，让传统文化真正"活"起来，走进了寻常百姓家。

如果说《熊出没》是华强方特创造的一种IP，那么中国传统文化中的孙悟空、许仙、白娘子等传奇故事则是几千年文化积累下来的更为强大的传统IP宝库。华强方特敏锐地抓准了中国传统文化优势，加强了对历史文化资源的挖掘，近年来大胆开发了气势宏伟的"美丽中国三部曲"——东方神画、复兴之路、明日中国，将口口相传的"女娲补天""水漫金山""大闹天宫""西游传说"等IP，用独特的艺术手法、高科技手段展现出来，最终打造了一个全面展现中国传统文化精粹的新型中国文化主题乐园"方特东方神画"。

## （二）价值观

不同类型的文化在历史背景和地理区域的演化过程中，寄托着在地者的价值观念。人们在地理空间的聚集，一定程度上也是价值观念的认同，相似的生活方式、相仿的生活习俗、相近的价值信仰构成了一户、一村、一镇乃至一市的生活聚集区。人们选择某地作为旅游目的地，愿意花费自己的时间和精力在那里开展旅游活动，一方面是基于当地秀美风光的考虑，想要从繁忙的日常生活中暂时抽离出来，放松身心。另一方面，也是为当地的人文氛围、历史气息所吸引。而当这种生活价值观与旅游目的地的价值观相契合时，也就达到了个人和旅游目的地的价值双赢。

拥有正确的价值观，是打造精彩 IP 的前提。比如小羊肖恩的核心价值观是友谊、温暖、纯真。主角肖恩有领袖基因，热心、开朗，为大家的利益努力。好故事的精神内核蕴含着对本源问题的探讨，比如爱、友情、自我。家喻户晓的《熊出没》系列动画与电影广受小朋友和家长的喜爱，成为华强方特的一个超级 IP。熊出没主题公园也在全国各地不断落地建设。在熊出没主题乐园中还原电视中的场景，熊大、熊二相亲相爱，相互帮助，不时与光头强斗智斗勇，在整个森林遇到困难时，他们又会联起手来一起应对。熊大、熊二兄弟引导小朋友们朝着勤劳、勇敢、诚实的人生方向成长。在电影上，《熊出没》更是确立了合家欢电影定位的本质，围绕家庭这个核心，爱与亲情永远是重要的话题。作为一部儿童电影作品，不能简简单单地博取孩子一笑，更重要的是促进两代人的沟通，父母和孩子在一起观看电影的时候，能够有情感的交流，加深对家庭意义的理解，树立充满阳光的人生观。

## （三）文化载体

价值观须有一定的文化载体才能被人们所理解和传承，这些文化载体带着历史的痕迹，象征着过去，衔接着未来。无论是物质文化载体，比如具有地方特色的建筑、生产工具、饮食菜肴等和人们物质生活密切相关的物质所在，还是地方文化节庆、民间艺术、口头文学等反映民风民俗与人们精神生活的非物质文化载体，都是当地文化得以延续的重要支撑。对于文化旅游规划与开发者来说，在全面、系统梳理当地文脉的基础上，找到每种文化所对应的文化载体是非常重要的第一步。在明确了文化类型与价值观传达，以及与之相对应的文化载体之后，也就进入了文化旅游IP塑造的环节，即人格赋能与场景设计。通过故事讲述与场景构建，为旅游者打造充满仪式感的沉浸式体验。

### （四）人格赋能

现代社会，人与物的关系，越来越上升为人与人的关系，产品的实际功能退居次要地位，其背后所传达的价值观与生活方式则成为交易决策的主要动机。"宫保鸡"是被赋予人格角色特征的贵州省织金县的城市IP，以宫保鸡作为织金最可爱代言人的形象出现，从IP的角度介绍织金本地文化内涵，以新的方式将历史、民风民俗进行表现，不断寻找新的热点，引发关注。

目前，宫保鸡拥有自己的办公场所。它需要每天按时上班，会为工作的紧急性而临时加班或者出差外地。它有自己的工作计划，如果不能准时完成，也会被扣绩效。它还是个吃货，也会和大家一样，看见好吃的就迈不动腿。它爱玩爱读书爱分享，常常出现在织金各个角落的它，会为大家带来它发现的美食美景；它也有自己的"鸡"生信条：立志为家乡的宣传事业而奋斗；它还有自己的个人微信、微博，会在网上更新个人的动态，会发好看的自拍。

赋予宫保鸡形象特殊的人物化标识，通过生活化、场景化、体验化、互动化手段，让其持续不断地曝光在大众面前，获得大众认可。

### (五)场景设计

场景,原本是影视界的一个术语,特指在一定的时间、空间内发生的因人物关系所构成的具体生活画面,是人物的行动和生活事件在具体发展过程中阶段性的横向展示。旅游本身就具有天然的场景感,在既定的时间和空间下,游客既是客人,又是主角;既是故事的聆听者,又是故事的创造者;既是文化的体验者,又是文化的传播者。IP 化场景,指的是旅游目的地空间、场所和文化、价值观、生活方式等集合形成的场域和"情境",具有主题性、体验性和社群性特征。IP 化场景思维包括文创赋能、社会化创新、多业态集成以及融入周边社区发展等。通过文旅 IP 化场景将文化进行"变形",最终营造与发展出满足游客对美好旅游生活的期待和需要的旅游体验。对核心特色场景,结合内外部空间,结合新兴科技,创作最具震撼力的场景体验空间,打造项目的核心引爆点。

## 二、超级 IP 矩阵构建

### (一)人格矩阵

超级 IP 背后的产品体系中,每个产品都自带人格属性。人格矩阵又可以分为情感矩阵和价值观矩阵,在整体上要与超级 IP 形成呼应和共鸣。具备好的形象,则具有了外衣,IP 作为一种"拟人存在",具有其情感和价值观,才能够成为一个具有灵魂的"人"。

#### 1. 形象

IP 形象简单、识别度高、易传播,既是品牌形象的补充,亦可丰富与延展品牌设计。如今,我们看到金属狗 JOY 就会想到京东,看到黑猫就会想到天猫,看到小海豚就会想到携程……

#### 2. 情感

马斯洛需求理论指出,情感需求是一种较高层次的需求,而旅游需求也正是人们在物质生活条件日益改善后，产生的一种对美好生活的追求。当前旅游市场竞争日趋激烈，旅游产品同质化现象越来越严重，旅游企业更需要制造更多的情绪体验，以新颖的方式满足顾客的情感需求，使顾客感受到 IP 所表达的亲和力、包容性，从而加强顾客对产品或服务的情感化认知。

3. 价值观

旅游目的地自身所传递出的形象气质一定程度上会影响旅游者消费决策。而通过人格化赋能，从文化价值观出发，以在地历史文化资源禀赋为创作载体，塑造鲜活可感的人物形象，或为真人代言，或为拟人形象，通过构建人物形象与当地文化的内在联系，使之成为当地文化的代言人，从而建立起旅游目的地与旅游者之间的情感联系。

## （二）内容矩阵

旅游包括食住行游购娱不同要素，以及线上线下的不同体验场景，要打造超级 IP，就必须从全内容整合角度寻找解决方案。同时，旅游又是跨界的，农业、工业等，都会与旅游结合，要打造超级 IP，就要建立全内容整合机制。旅游 IP 内容生产力的创造由创意生成、蓝图规划、落地执行三个过程组成，最终形成一致的 IP 鲜明人格、独特地格、体验艺格。

在创意生成的过程中，通过形象设计、主题定位、故事演绎等，赋予 IP 鲜明的人格，让旅游项目具备与游客进行深度对话的能力。

在蓝图规划的过程中，则要考虑 IP 是否与当地的旅游发展、文化传承相契合，此时，需要对地域经济适应性、文化适应性、行政适应性、地理适应性等进行考量。地域经济适应性关系到旅游项目能否在当地实现盈利，地域文化适应性关系到项目与当地文化的融洽度以及对本地精神的表达，地域行政适应性关系到项目与当地行政制度的契合度，地域地理适应性关系到旅游项目能否合乎工程科学。

在落地执行的过程中，最终形成了 IP 的体验艺格。艺格体现的是项目的体验流营造上，体验流是相对于意识流存在的，文学靠在人的大脑中形成意识流来获取阅读黏性，旅游项目靠在人的全身心实现体验流来获取旅游黏性。在落地执行的过程中，对旅游项目的形象流、色彩流、声音流、氛围流、道具流等方面进行设计，形成颇具艺术性的体验流。

鲜明人格、独特地格、体验艺格的完美融合取决于创意生成、蓝图规划、落地执行这三个过程中的顾盼生辉，这时三个环节不是相互独立的，而是一个有机整体。在进行IP创意生成的过程中，既要考虑对当地经济、文化的适应性，也要考虑日后落地执行的过程中可能会遇到的一些问题，不能"两耳不闻窗外事，一心只造孤IP"。然而目前部分IP的打造过程中，往往这三个部分由不同的团队负责，团队成员彼此缺少价值黏性和文化黏性，纯粹以技术互补为基础形成协作关系，而在价值取向和文化认同上缺乏和谐与互补，以这样的方式打造出来的旅游IP，常常难以具有强大的内容力和生命力，应该以共融共通的文化认同和价值取向为基础，形成协作关系，才能使得IP人格、地格、艺格完美融合，赢得市场。

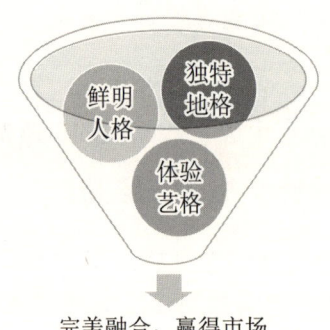

完美融合，赢得市场

图4-1　文旅IP的三格融合

## （三）产业矩阵

当一件产品拥有了情感功能和价值观功能，并不能说明这件产品就具备了IP，如果这种情感和价值观没有经过系统化、持续化的表达，那么，其稍纵即逝的情感和价值观也是无法凝聚成IP的。概括而言，一件产品要具备IP，就必须拥有超强稳定性、感染力、影响力的情感功能和价值观功能。由于旅游产业的复杂性、生产消费同步性等,没有构建起产业矩阵,就很难成为好的IP。

产业矩阵包括:旅游资本、旅游资源、旅游产品、旅游渠道、旅游营销。一个真正的旅游全产业链响应机制一定要具备稳定性、持续性、融合性的特点。稳定性:有强大、统一的集团战略作为支撑;持续性:具备持续的自我造血能力;融合性:具有内部的技术协同互动、技术同步升级的优势。

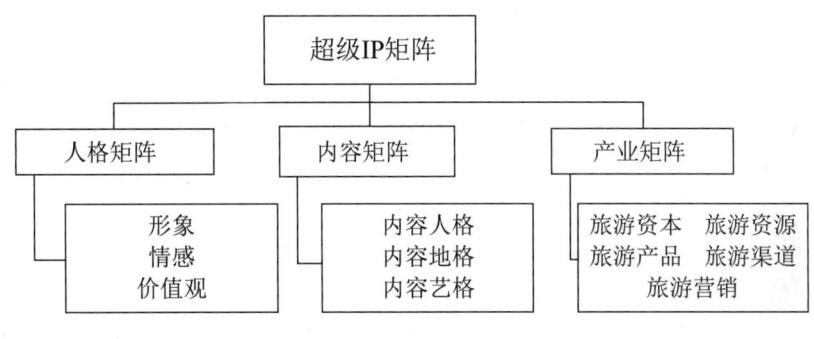

图 4-2　超级 IP 矩阵

## 三、文旅 IP 智造方式

### (一) 原创研发

原创适用于有自主研发能力且有资金、资源保障的旅游目的地,可在一定的文化基础上构建,且要与旅游目的地目标定位相匹配,不宜完全无中生有。原创IP的成功与精良的设计理念、有效的营销推广以及版权衍生价值都密不可分。原创IP的重点是从旅游市场需要出发,结合目标消费群的文旅体验心理进行IP原型研发,继而确立IP的个性化定位、赋予其人格化特征。

例如,原创形象呆萌的酷MA萌(俗称熊本熊)的诞生,使原本名不见经传的熊本县的知名度在短期内迅速提升,县域内的熊本城、阿苏内牧温泉等景区旅游人数倍增。熊本熊IP的成功原因,除了独特的设计元素之外,还要归功于寻找熊本熊、帮熊本熊找回腮红、参加2014年红白歌会等密集的后续事件营销，以及不需授权费便可使用其形象带来的曝光率大增。

与大多数由作品延伸至下游的衍生品、主题公园的 IP 不同，《熊出没》的诞生来自于对市场需求的倒推。当时华强方特的主题乐园已经获得成功，深受市场欢迎，作为战略配套，非常需要一个喜闻乐见的动漫形象以及背后的产业支撑，而当时市场上形象鲜明、受众广泛、制作优良的动画形象并不多，整体儿童市场发展处于非常初级的阶段。

最终选择"熊"作为主角，灵感来自于华强公司系列动画《十二生肖闯江湖》。其中有几个笨狗熊，很受观众喜欢，华强决定把这个角色单独提炼出来，为它量身定做一个动画片。尽管这样原创性的角色在短期内打开市场具有一定的挑战性，但华强集团举全力开发一个全新的"熊出没"IP 有其自身深远考虑。因为，诸如《大圣归来》《白蛇·缘起》这样的动画作品，直接选择国人耳熟能详的中国传统神话中孙悟空和白素贞的形象作为主角，也许初期可以迅速打开市场，但这种 IP 作为共有形象并不具有排他性，不利于控制 IP 的所有权，在后续持续开发中容易产生版权纠纷。尽管陌生的"熊出没"IP 形象在早期推广上有一定的难度，但在后期无论是衍生品还是主题乐园开发，都能够产生更长远的利益。

## （二）移植收购

因为 IP 的创造和价值提升需要投入大量的人力、物力，并且需要考虑投资回报率和模仿复制的问题，因此很多旅游目的地大都缺乏研发原创 IP 的足够动力。在这种情况下，导入已经拥有价值、流量带动性强的 IP 资源，是帮助旅游目的地以最快速度丰富自身业态、完善产业链的有效途径。

例如，2018 年 1 月，上海长风海洋世界引入在国际上拥有超高人气的《汪汪队立大功》动画 IP，举办了为期 6 个月的亲子活动，以动画中的救援任务为线索串联起海洋生物观赏资源，通过寓教于乐的创意互动体验，实现了短期内的项目引爆和消费聚集。回顾迪士尼的发展史可以看出，收购 IP 是迪士尼快速而高效的扩充自家 IP 库的一项重要举措，在迪士尼的 4 次成功收购案例中，4

家公司均是众所周知的 IP 大户，收购为迪士尼家族贡献了玩具总动员系列 IP、漫威英雄、星球大战系列 IP 和即将被纳入囊中的 X 战警、阿凡达 IP。

### （三）借鉴创新

引自其他渠道如地方历史文脉、民俗风情或文化作品已有的故事、形象、元素等，根据旅游体验需要进行扩展改造。迪士尼非常擅长吸收本土化资源，挖掘历史故事，世界范围内的经典名著及各国传统神话传说都会是迪士尼探寻的目标，他们会将符合迪士尼属性的 IP 形象加上"迪士尼"标签然后搬上大银幕，从丹麦安徒生童话中的小美人鱼到德国格林童话中的白雪公主、灰姑娘再到中国功夫熊猫、替父从军的花木兰，这些来自异国的 IP 形象在迪士尼的 IP 家族中济济一堂、大放异彩。

打造特定主题的 IP，以形成景区独特资产，提升景区价值，实现消费升级，旅游品牌的 IP 化将引领未来旅游行业的发展，IP 化的发展也让旅游品牌有了持续的生命力。

东湖寓言园位于武汉东湖听涛景区，始建于 1986 年，是全国第一座以古代寓言故事为题材的雕塑园。寓言园内，芳草萋萋，绿树掩映，雕塑的人物千姿百态、栩栩如生。园内共有"愚公移山""狐假虎威""盲人摸象""滥竽充数"等寓言雕塑 23 组。其中"盲人摸象""狐假虎威"等 8 件由中国著名雕塑家刘政德所创作，雕塑作品获 1990 年湖北省文艺最高奖"屈原文艺奖"。2018 年，在东湖绿道三期建设中，东湖以寓言园 23 座雕塑和寓言故事为蓝本，并融入现代 VR 虚拟现实技术，将静态雕塑转化为动态三维可视化场景。在三维场景中，23 组雕塑一个个人物活灵活现，一个个寓言故事娓娓道来，游客还可以与动画人物合影。东湖寓言园通过雕塑这一形式，将中国古代寓言故事具象化，通过虚拟现实技术，讲述雕塑背后那意味深长的哲理，让寓言园的雕塑活了起来，大大丰富了东湖的人文故事氛围。

## 四、文旅 IP 智造关键

"智慧+创意"是创造文旅 IP 的关键入口,所谓"智造",就是用心灵和智慧去创造。文旅 IP 智造的最终目的,是在 IP 的基础上建立良好的产业生态系统,用一个 IP 贯穿旅游策划、规划、项目建设、投融资、园区运营等全程,实现 IP 带来的体验升级与项目价值提升。

在智造 IP 的过程中要遵循以下三个要点:讲好故事做品牌、提炼符号推产品、产业扩张建生态。

### (一)讲好故事做品牌

目前,国内多个旅游目的地抢占一个 IP 的现象层出不穷,导致了各地都难以专心讲好自己的品牌故事。因此,在 IP 打造的过程中,要将 IP 的故事与自身的地方特色文化充分融合,形成目的地特有的文化符号。应该挖掘当地最有特色的文化点进行 IP 开发,通过创意丰富故事内涵,通过艺术设计创造饱满的故事角色,形成一个具有目的地文化特色、能够充分展现地方品牌形象的 IP。

2016 年华侨城文化集团入驻深圳龙岗区甘坑文旅项目,开始对甘坑进行整体开发运营。除了在深挖客家文化、民风民俗、美学元素的基础上对甘坑进行保护性开发外,华侨城文化集团还投入大量精力、财力做的另外一份工作就是寻找客家文化 IP,进行 IP 孵化和运营。

客家文化无疑是甘坑文旅小镇的文化根基。然而,深圳客家村落很多,停留在"客家文化"层面难以 IP 化。通过对客家传统特色民俗文化的研究和挖掘,华侨城文化集团发现客家凉帽是一种辨识度非常高的文化符号,凉帽还是广东省非物质文化遗产,甘坑更是以此闻名。

华侨城决心锁定小凉帽作为甘坑的文化 IP,通过小凉帽 IP 化把传统客家文化资源转化为世界通用语言和行为载体。2016 年 9 月,小凉帽 IP 注册成功,甘坑客家小镇 IP 品牌运营启动。他们很快创造了亲切萌态的 IP 形象"小凉帽"及小伙伴"阿妹""铛铛狗"和"凉凉猫",打造出"小凉帽与二十四节气""小凉帽过大年"等多个系列主题形象。以小凉帽开发文化IP,最终构建了一个现代客家生活场景和故事图景。

图4-3 IP形象"小凉帽"

## (二)提炼符号推产品

人作为视觉化的动物,视觉对于记忆有极大的影响力。景不美,没特色,如何让阅景无数的游客第一时间喜欢上,并能在下一次还想起你的景点?要通过对当地文化的深耕,提炼出可视化的文化符号,这个文化符号要贯穿旅游核心吸引物、游憩方式、旅游业态等规划设计的始终,形成目的地游线的鲜明主题。要有一句吸引人的宣传口号,利用图册制作、视频制作、导游讲解等进行理念的宣传,这也就是常说的MI(理念识别)和VI(视觉识别)系统的打造。

IP形象化是对景点宣传很有效的策略,游客会因为草莓人偶记起德国卡尔斯草莓主题农庄,会因为枯麻、八豆而念念不忘、时常回想台湾溪头妖怪村。鲜明的IP形象会成为旅游景点的制胜法宝。

德国卡尔斯草莓农庄以草莓为特色,但在众多草莓庄园中,卡尔斯选择了以草莓人偶形象来彰显自己的独特。草莓化身具象IP人偶,抓住了游客的第一印象,并产生持续的影响力绑定游客的记忆印记。

台湾溪头妖怪村原先只是一个山区小村庄,根据当地的妖怪传说,发展出创意的妖怪传说文化,并依靠"妖怪"一词的特殊眼球经济强力效应和精心设计的妖怪文化创意社区，极短时间成为台湾个性的创意园区。妖怪村来源于传说，需要用创意设计的手段将这种传说文化打造成为现实，使人们可感可知。在妖怪村，为了纪念为救爷爷牺牲的八豆，到处都是这一云豹的雕像；而枯麻在战中走失，因此，会有"小心枯麻"的标语，"枯麻"和"八豆"的形象成为各种场景的主角。台湾妖怪村的独特性在于将抽象化的妖怪转化为具体的形象和场景，赋予了奇幻现实体验。

图 4-4　妖怪村

## （三）产业扩张建生态

在 IP 开发的基础上进行产业孵化，是实现 IP 变现的重要过程。围绕 IP 衍生出的产品越多，形成的业态越丰富，IP 为目的地带来的价值就越高。要通过 IP 产品系列和业态矩阵的构建，把文化符号推广到泛旅游产业体系中，形成旅游目的地产业融合发展的良性生态圈。

卡尔斯草莓农庄将草莓人偶形象融入园区各种产业。将形象进行场景植入，打造草莓主题住宿、主题餐饮、主题游乐；加入游客互动环节，与游客产生直接的情感互动，通过情感纽带维系更持久的游乐关系；将草莓形象植入到任何有意义的事情上，注重品牌营销及宣传，置身景区之外也可以通过系列文创产品来维持自己对农庄和草莓人偶的喜爱。

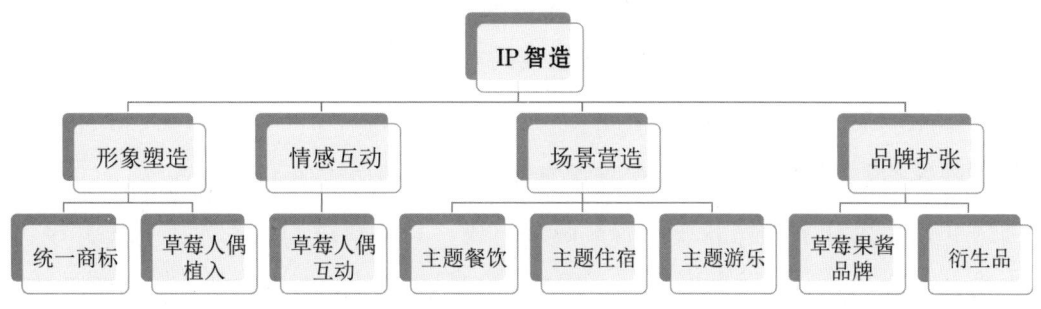

图 4-5　卡尔斯草莓农庄的 IP 智造

妖怪村的妖怪文化与形象被不断挖掘与开发设计，应用到各个行业中，打造吸人猫面包、枯麻桶饼、枯麻烧、居酒屋日式烧烤等特色美食，吸妖怪嘉年华、清酒祭典、伐木啤酒节、击鼓祈福仪式等主题活动，开发枯麻贴纸、玩偶、手机灰尘塞、杯子、清酒、泡面等文创产品，明山森林会馆、妖怪村主题饭店、18 处独栋森林木屋等主题住宿。另外以一条主要的商业街贯穿，这条商业街到处是搞怪的妖怪，由此真实地营造浓厚的文化环境。

## 五、IP 如何引发疯传？

当我们绞尽脑汁创造出一个自认为无可挑剔的文旅 IP 后，我们都希望它美名传遍天下，人人喜爱。但能够引发社会广泛关注、形成注意力引爆话题的文旅 IP 还需具备以下三个内在特点，这正是成功运营 IP、实现其内在价值的关键。

### （一）注入趣味性

旅游即是对未知世界的探寻，在旅游活动中，仿佛人人都变成了一个充满好奇心的孩子，随着旅游经历的不断丰富，寻常的旅游活动似乎难以激起人们的兴趣与好奇，面临着旅游体验下降与兴趣缺失的情形，将旅游 IP 注入趣味性，用游戏的方式对传统景区进行创新设计，优化组织，打造新亮点，让游客在欣赏传统的自然或文化景观时，拥有更加独特而有趣的体验。

**【古城寻宝】WHAIWHAI 城市探索游戏**

WHAIWHAI 是一款带领游客以游戏的方式来旅游的旅行指南，它让游客在一个游戏的场景中探索这个城市，以寻宝为主题线索，去发现基于景点的最原始的故事和解决不同的谜题，在游戏的过程中揭开陌生城市的神秘面纱。

它由一个线上网站和线下游戏两块组成，其游戏过程主要为故事线引导、部分地图和短信互动反馈。比如在罗马，作为引导的故事线，通常根据罗马的民间故事改编，而游客也就会成为这个故事中的主角，或许是一位骑士，或许是一个皮匠，跟着故事线的引导，在罗马城中开始自己的寻宝活动；GUIDE BOOK 小册子采用的是仿羊皮纸材质，地图展开后，更具古老的真实感，像真的回到了古罗马时期一样，具有复古场景。短信反馈产生了旅游互动，回答错误则闯关失败，具有真实的游戏感，当找到正确答案并最终一步步揭开谜团寻到城市宝藏后，游戏的成就感油然而生，城市宝藏或许是一处小众但不凡的景点，或许是一家众口皆碑的当地餐厅，或许是一场即将开演的歌剧。

WHAIWHAI 通过游戏化的设计吸引着爱好新奇事物和冒险的年轻人，每一次的行动流程经过精心设计，让游客能够获得参与游戏的真实感与仪式感。

## （二）场景代入感

三亚的沙滩与海浪，给人以欢乐奔放的场景；重庆的茶馆与火锅，带给人悠游自在生活的场景。旅游中不断地出现一幕幕的场景，有的逗人欢笑，有的引人深思，有的让人不禁以己代入，仿佛眼前的场景是自己日常生活中亲身经历过，又或者是一直向往的场景。比起单纯地贩卖旅游资源和城市景点，通过营造不同的场景和体验，戳中游客的痛点，引发游客的代入感，更能推动旅游 IP 的传播。

2018 年，黑龙江推出的旅游宣传片《大森林里的小夏天》，围绕年轻夫妻、老年夫妻、成年父子、亲子家庭 4 组人物故事展开，他们在黑龙江游历与感受，彼此间的感情增加，生活的困惑得到解答，旅行的意义不言而喻。影片中出现了这样 4 幅场景：

"窄小的格子间，拥挤的地铁，千篇一律的生活，每天穿梭在都市的年轻人，自由的天性越来越被压抑。"

"我老了。""不，你在我心里一直是最初的样子。"

"我们成功的速度总是赶不上父母衰老的速度，忙碌的工作和应接不暇的社交，却让我们与父母独处时，无话可说。"

"孤独的感受是不能共享的，但亲近，我们可以去对抗孤独。"

故事中描述的场景击中了阶段人的心：年轻人面对生活压力，内心焦虑烦躁；年龄较大的夫妻对过去充满回忆，渴望到当初相识相恋的地方走一走；中年人想要抽出更多时间陪陪父母，却总被工作缠身。故事场景描述契合当下人们的心理，自然而然地带出人们想和爱人、老伴、父母、孩子去黑龙江旅行的想法。

## （三）人格化演绎

当旅游目的地为自身塑造鲜明人格，通过内容与用户持续进行有价值的互动，并赢得越来越多的喜爱和追捧时，那么此时的旅游品牌就形成了自身活态化的品牌形象。旅游品牌人格化演绎，活态化的 IP 形象下既要让来旅游的人感受到 TA 的活力，也要让没来的人远远地就能感受到 TA 的魅力。一个经常活跃在社会中的 IP 形象，才能慢慢让自身积聚一定的流量。

许昌，地处中原腹地河南，历史悠久，文明灿烂，是远近闻名的汉魏故都和三国文化名城。许昌在历史长河中沉淀了丰富厚重的文化遗产，这是许昌全域旅游得天独厚的优势。如何让厚重的历史文化资源从"沉睡"中醒来，赋能全域旅游？对于许昌三国文化旅游而言，必须迅速"活化"许昌三国文化特有的文化基因，变传统为有趣，变严肃为活泼，从游客的角度重新赋能三国体验。不管是景点旅游还是文化旅游，都必须回归旅游体验的本质：愉悦你心！

在许昌三国文化基因的基础上，"大瞒"和"小瞒"一对 IP 应运而生，以曹魏文化代表人物——曹操①为原型，"大瞒"的形象设计中参考三国时期文官的服饰特点，是智慧与正气的代表；"小瞒"的装束则是依照三国时期武将的服饰特点进行打造，是个勇敢又爱耍贱的将士。两大IP形象亦正亦奇，一文一武，结合了许昌的三国文化精粹和时下流行的萌文化，让人能够更直观、更轻松、更深入地品味许昌三国文化底蕴。结合三国旅游周节庆logo发布、IP形象以及后续文创商品的衍生、线上动态表情包的演绎，通过多渠道全方位的打造，"许昌三国文化周"城市节庆名片活了起来，得到广泛传播。

---

① 三国著名人物曹操小名"阿瞒"。

# 第五章

# 文旅 IP 的商业运营

　　文化融合的时代背景，对旅游业提出两方面要求，对内要求旅游业强化自身产业内部整合，对外要求旅游业与其他行业形成跨界发展。IP 自身具有强内容力、高识别性，可提升旅游多要素提炼的效果，使旅游产品更具主题化、特色化，进而形成复合型、跨界结合型的商业模式。

　　发展旅游 IP 利于提炼旅游产品的优质内容，增强旅游产品体系，实现景区盈利增收，提升景区竞争力，促进旅游跨界融合发展。IP 的发展不能光靠情怀，一定要找到自己的商业模式，让 IP 创意变成 IP 产品，使人们可感可知可消费，将创意变为实实在在的体验，企业获得利润，才能长久生存，运营旅游 IP 的本质目的就是——实现价值变现。

　　商业化运营就是根据不同商业项目的规模、业态和定位，通过从事产品交换活动，获得赢利的过程。旅游 IP 商业化运营是指通过聚焦强内容力的旅游 IP 理念/内容，将理念/内容设计成产品，通过用户运营塑造强识别力的产品品牌，借助品牌效应进行 IP 衍生品生产、IP 品牌输出或 IP 异地复制，多手段增强旅游 IP 产品体系，形成 IP 产业链，实现旅游 IP 规模化发展，并在规模化发展期间不断通过从事旅游 IP 产品交换活动，获得提量增值的过程。

## 一、旅游 IP 变现基础

### （一）内容力——商业价值的起点

一切商业皆内容，一切内容皆 IP。内容既是 IP 的原点，也是新商业的起点。缺乏内容力的 IP 是空洞无味的，由鲜明人格、独特地格、体验艺格相互协作而构成的 IP 才具有强大的生命力，内容力涵盖了原创差异化内容的持续创造能力、传播能力和影响能力。

**1. 以内容力构建社群传播基础**

社群对产品的传播以其优质内容为基础，如果内容枯燥乏味，难以引起大众的兴趣和喜爱，即使利用社群对其进行初次传播，也难以引发不断的转载、转发，形成不了"病毒效应"。以优质内容为基础，以社群传播为方式，不断扩大旅游 IP 的影响力。

故宫淘宝依托于故宫悠久的历史、丰富的文化，将传统文化以现代人们喜闻乐见的方式进行创新，比如以极具幽默调侃的语气，用一种全新的互联网视角解构大家早已熟知的帝王将相间的旧事。明朝的第十位皇帝朱厚照，就被打上了"任性皇帝"的标签；明朝最后一位皇帝朱由检，则化身为"一个悲伤逆流成河、运气欠佳的皇帝故事主角"；45 岁登基的雍正帝，一副霸道总裁的形象，却变身眼镜代言人……故宫淘宝用调皮的文风搭配各种搞笑表情讲述帝王故事的方式极具社交传播属性。看似是在讲故事，实则在抛砖引玉，推送故事背后的相关产品，而产品隐藏于内容之中，不经意间被消费，故宫淘宝真正的目的是完成故宫 IP 内容的商业变现和品牌升级。

2020 年故宫中秋月饼的主题来源于故宫馆藏的一枚印章：青金石螭纽"月明满地相思"玺。"月明满地相思"，这枚充满无限意境的印章的主人，是弘历。那时他还不是乾隆帝，而是宝亲王。

从古至今，人们常赋明月以表相思之情。李白有诗："相思如明月，可望不可攀。"举头可见的明月光,落作满地清霜,所有情思,掩于唇齿。

古时的月亮,还有个特别浪漫的别称:顾兔。顾,即回头看,顾兔即兔回首张望。月中之兔回首,寓意"玉兔思乡"。

2020年故宫中秋月饼,寄相思于明月,取兔之顾望姿态,融合古诗词、画作中所描绘的秋景,创作插画由设计师悉心手绘而成。月饼共有4种馅料口味:经典芝士奶黄、热门蛋黄芋泥、中式桂花清酿、诗意青梅煮酒,满足当下人的口味。礼盒极具中式古风感,月饼如诗如画,让美食也有无穷意境。

故宫淘宝IP的打造过程中,首先有内容,然后有基于内容的产品迭代与创新,再有基于独特内容与产品的用户晒单、分享,内容更加富有叠加性和层次感,生命力得到了延续。当市场集中到一定程度后,开始具备广泛的谈论价值,具备有用无用的传播价值,具备非功能性需求的社交货币购买力和流通力。

图5-1 故宫月饼

**2. IP强内容力的特性**

表5-1 IP强内容力的特性

| 可扩展性 | 基于社交分享的内容生产方式 | 社交分享是内容传递的有效通道,内容如果只是孤芳自赏的自嗨场景,就如同埋在土里的黄金,没有任何价值。所以,新语境的第一原则是社交分享,是基于社交网络形成可传播的内容。 |
|---|---|---|

续表

| | | |
|---|---|---|
| **可转化性** | 用跨界元素解构生成新内容 | 让人耳目一新的创意、层次感丰富的内容易形成传播动力,简单、粗暴的内容表达方式已经不适应当下的审美需求。事实上,适度跨界本身就是超级IP生成内容的过程。 |
| **可识别性** | 形成高效聚合的可辨识的特征 | 围绕同一调性的内容能让用户产生高度的黏性,并形成可识别的标签特性,在内容红海中,形成热议话题,受到关注。超级IP的内容是有层次的、丰富的、多重的、结构性的,是意料之外能够形成更多场景的,是可以个性化生成与演绎的。 |

**3. 拓展IP内容运营的三个版本**

➢ 1.0版本——同质延伸

欢乐谷作为大型主题公园,成为人们寻求欢乐、放松身心的好去处,里面的游乐设施更是让人们即使玩上一天也乐此不疲。欢乐谷推出的电音节、万圣节活动便是同质延伸。

➢ 2.0版本——跨界进击

景域旗下的帐篷客主导野奢的生活方式,在仿若世外桃源的万顷竹海中,错落有致地安放着精心打造的帐篷,为追求极致生活的客人提供一宿安眠。帐篷客与德清莫干山Discovery探索极限基地独家联合推出极限体验套餐,联合法拉利等时尚品牌举办更多的跨界活动,践行野奢生活理念。

➢ 3.0版本——进入无意识,成为集体记忆

迪士尼最初的IP仅有米老鼠、唐老鸭等,随后又不断并购了钢铁侠、美国队长等IP,这些钢铁硬汉们的形象虽然与爱莎公主、睡美人等公主形象大相径庭,但迪士尼乐园仍旧成为人们心中梦幻的王国。

## (二)高势能——建立负成本连接

负成本连接就是一种"被强烈需要连接"的能力——千山万水我要找到你,即便漂洋过海也要来看你,它代表了其他品牌、企业、组织、社群和个人强烈的主动连接意愿,可以是IP与品牌、产品、企业、组织之间的连接,也可以是消费层面的与用户的连接。前者可能表现为品牌联名、共生合作等,后者可能

表现为消费的价格敏感性让位于价值敏感性。

超级 IP 负成本连接的前提是有足够高的势能，凭借势能才能吸引到有价值的连接。高势能是超级 IP 的特质，而负成本连接是其效应，是其外在表现形式和连接方法。

**1. 负成本连接激发消费冲动**

为什么要抢购猫爪杯？美？能否满足功能需求？都不重要了，在用户看来，关键在于拥有独特化的标签，这种拥有在社交层面又具备了被共享和分享的价值。由此，我们可以理解为什么联名、闪购、限量如此盛行，所有这些都在共同营造一种"想要"的氛围，被分享，被转发，从而形成更多的需要。不被需要的 IP，便不能产生商业价值。

广为人知的超级 IP 熊本熊在大阪渐成话题时，熊本县做了一个重要决定。这项决定也让熊本熊超级 IP 之路真正完成了逆袭。一般而言，要在商品上使用他人创作的卡通动漫肖像，必须支付一定比例的版权使用费用，即授权金，这也是大多数卡通动漫 IP 创收的最佳途径。而熊本熊反其道行之，熊本县以本县名义，买下熊本熊的插画著作权由县政府管理，免费提供熊本熊的肖像使用权。当然，对于 IP 而言，免费使用不等于肆意滥用，IP 的生命力有赖于健康的授权系统，否则会造成难以挽回的损害。虽然是免费使用，但肖像使用必须经过县政府的审批。此外，还要满足相关规定，比如熊本县外的商品使用熊本熊时，必须插入介绍熊本县的文案或插图，诸如"我最爱熊本了！""熊本是个好地方！"若是规模覆盖日本的县外大型食品公司，会要求企业研发以熊本县产的食材制作的商品等（毕竟是农业大县，土特产农产品根本不缺）。

免费策略大获成功，众多企业纷纷表示出合作意愿。这种看似降低商业价值的方式，其实极快速地推广了熊本熊的知名度。熊本熊的身影迅速出现在日本的大街小巷，指示牌、自动贩卖机、出租车、各种零食包装上都有熊本熊，甚至有熊本熊列车、飞机、火车站，更不用说各种以它为中心的周边产品。据统计，目前熊本熊的相关产品已经累计 2 万多种，且与日俱增。

### 2. 构筑高势能的三大关键

IP势能其实是一种商业理解，它代表了IP内容或产品本身的优劣，代表了品牌调性和美誉度的高低，代表了基于不同环境蓄势的难易程度。一般而言，势能越大，相应地可以释放或者可以转化的能量就越大，因此高势能往往对应着一种仰望的视角，带来负成本连接和引爆市场的易得性。

那么，应该如何构筑高势能呢？从一家即将宣告破产的老字号漫画公司，到现在成为主宰电影票房的龙头，手中握有众多IP的"漫威"已成为拥有高势能的商业超级IP，从漫威的商业运作中，我们也许能窥见构筑势能的商业启示。

漫威对旗下每个超级IP角色的打造，通过合作和独立制作超级英雄电影，这些火爆的IP角色也在不断进化和发展。大量的超级英雄IP角色成就了漫威，使之成为势能极高的超级娱乐IP。伴随高势能，漫威旗下其他角色的IP化进程也明显提速。

构建商业势能的要点如下：

（1）自带爆款特质

这就要求在对IP开发时要充分了解市场需求，深入挖掘IP背后的历史文化、人文情怀、情趣特质，精耕细作。

还不知道星巴克2019年的"猫爪杯大战"？

2月26日，星巴克猫爪杯第一天发售，有人通宵排队，有人大打出手。

2月27日，猫爪杯在网上已经被炒到了一千多元。

2月28日，星巴克天猫旗舰店追加1000个猫爪杯下午3点开抢，秒没，店铺访问量激增300%，关键词搜索量增加8800%。

3月1日，星巴克宣布一次性抢完剩余3000个猫爪杯，还是秒光。

网友戏称：这不是杯子，这是圣杯战争，是败者的鲜血，是圣者的奖杯。

抢杯子的伤员：你不懂！你不懂！不是因为你，是因为猫！因为猫！

近年来"猫咪经济"在国内迅速发展，撸猫、吸猫、云养猫的大军在网络上浩浩荡荡，背后折射出众多社会形态和大众心理的变化。

"单身经济"迅速崛起,2亿多单身人口、5000多万独居青年,日渐壮大的"单身狗"群体形成了巨大的消费潜力。天猫数据显示,2018年迷你微波炉、迷你洗衣机分别增长了98%和63%。除了一人商品、迷你家电的繁荣,单身还需要陪伴,每年新增的养宠人群中,25岁左右的年轻人占到了30%。远离故乡的翠花、独自打拼的小明,养一只不需要花费太多金钱和精力的猫咪,成为大多数人的选择。

宠物猫在独居的年轻人中非常受欢迎。一是从时间和精力上外出"遛狗"不易;二是精神因素,很多在大城市生活的人都会感到孤独和寂寞,养一只猫咪成为重要的心理慰藉;三是从经济成本考虑,养狗消费支出比养猫多20%左右。

一杯难求的背后,是逢猫必火的内容产业。颜即正义,猫即经济。从大故宫到小咖啡馆,从故宫猫到猫爪杯,为迎合年轻消费者,猫IP成为品牌传播、衍生品开发、场景消费的最佳代言人。故宫猫、观复猫、大英博物馆的贝斯特猫神,都通过文创衍生品开发走上了"猫生巅峰";猫主题咖啡馆、休闲吧、民宿,无不吸引着大批猫奴前去朝圣。

图 5-2 猫咪经济

(2)跨界混搭相互促进

基于跨界混搭,基于调性一致,基于反差"萌"的有意为之,IP跨界转化利用，需要把产业链打通，围绕 IP 通过多种形式衍生开发，转化的核心要点是营造环境，做成一个体验型的作品，加强周边衍生业态的开发，实现 IP 从线上到线下的运营。广西柳州卡乐星球就是以公园为平台，将互联网文化内容做成 IP 并转移到线下供游客体验。该主题公园还建立了国内较高的技术门槛，包括了五六十项专利和 200 多项知识产权。通过传媒、科技、文化与旅游的跨界融合，构建从线上到线下的一套成熟的运营系统，将文化 IP 衍生出丰富的旅游体验产品，为中国的 IP 转化提供更多的载体和通道。

（3）持续跟进促进关注

在这个时代引爆一款产品固然困难，但更难的是具备持续造浪的能力。所谓其兴也勃焉，其亡也忽焉。漫威漫画时代的陨落和当下大电影时代的中兴很好地说明了这点。也许在未来电影时代也会过去，但漫威的 VR 版本和授权是不是足可期待？只要像造浪机一样，理解新技术，善用新平台，随形变化，持续造浪，就能保持高关注度和势能的高位运行。

### （三）人格化——赋予 IP 以生命力

冯骥才先生在《俗世奇人》里说，各行各业，皆有几个本领齐天的活神仙，刻砖刘、泥人张、风筝魏、机器王、刷子李等，手艺精湛，鼎鼎有名，把这种人的姓和他们拿手擅长的行当连在一起称呼，时间久了，本来的名字反而没人知道了，就这一个绰号，在码头街巷那是响当当和当当响。"行当"一旦人格化之后就会口口相传，广为人知，这就是人格化 IP 品牌。

人格化 IP 可以是人，也可以是拟人化的形象，只要它具有能引起群体消费认知的能量，拥有能够进行整体开发、持续经营、稳定产出的特性，便会是移动互联网时代更受欢迎的新的交易入口。

IP 的人格化使之在骨骼丰满的基础上加进了血和肉，让它变得更加立体、鲜活。IP 在运营的过程中，必须要丰富它的故事性、个体独特性等，要对品牌本身进行挖掘和规划，将品牌本身的性格赋予 IP，融入 IP 的调性中去。利用一些活动或是表演的演绎来加强和受众群体之间的关系，塑造差异化的品牌价值，让 IP 作为品牌精神的化身，让游客在平常的生活中也能对旅游品牌有持续性的深入了解。

神垕古镇有一个大 IP，就是钧瓷。国家领导人在各种国际会晤、交流和论坛送的国礼就有钧瓷。钧瓷是五大瓷之首，价格昂贵，"家财万贯不如钧瓷一片"，这跟普通老百姓、普通消费者之间的关系怎么处理呢？此时需要一个 IP 形象来对钧瓷文化进行承载，"小窑匠"和"神彩儿"就应运而生了。小窑匠憨厚可爱，代表着朴实勤劳的匠人；神彩儿以神垕火凤凰为原型，活泼、神秘，他们就具有了人格魅力。有了 IP 形象之后，就能做产业和产品衍生，比如说文创产品，做一把扇子，把河南口语文化做成扇面，一边是"中"，一边是"不中"，就是"中不中"，一天卖几千把。把"神彩儿"和"小窑匠"做成各种各样的形象，包括把钧瓷衍生出各种艺术文化产品，游客也很喜欢。

### 1. 人格化引发亲近感

内容是海量的，只有通过人格化的塑造才能变得独一无二，别人才能对其产生依赖感，产生亲近感。所以只有具备比较强烈的人格化特征，大家才有可能产生比较强烈的喜爱之情，如此才有机会形成爆款。

### 2. 人格化产生辨识度

拥有辨识度的 IP 会让受众在对于题材、故事的预期中获得愉悦感，才有巨大的潜力与影响力。独特性和类型化是任何文化产品共同具备的绕不过去的两种属性，优质 IP 应该在两者取舍之间找到一个符合市场需求的平衡点。

### 3. 人格化激发人际互动

IP 能够有人格化特征的人物、角色是有利于互动的，在这样的一个环境中，营造了一个比较好的粉丝交流氛围，粉丝质量也会比较高，才会形成更高的黏度。比如很多网红们要在微博上时刻保持和粉丝互动，提高网店的复购率。她们时而以意见领袖示人，指引女孩子们过高品质的生活；时而又将自己变身为粉丝身边的一位闺蜜，撒娇耍萌偶尔还要犯个"弱智"。她们熟练地掌握着一种微妙却又恰当的角度，既不高高在上，也不过分讨好。

## 二、文旅 IP 商业化方向

IP 商业化就像做一道菜,IP 本身所提供的是优质的食材,而这道菜能否做成功,还得看掌勺大厨的手法。旅游 IP 的变现渠道主要有文创商品(周边)售卖、电影电视、跨界联合、游戏开发、全产业链。

### (一)文创化

近年来,伴随着热销两岸的文创产品,台北"故宫博物院"的收入也节节攀升。台北"故宫"的文创产品一直以来成为博物馆界的标榜,其中,除了有优秀的创意和优良的品质,还不断地推陈出新,受到越来越多的博物馆爱好者的青睐。台北"故宫"网站发布了博物院 2019 年度上半年该院合作开发厂商说明会公告,其中公布了博物院商店销售简报(以下称《简报》)。《简报》除了披露博物院商品销售情况,还提出了建议开发产品和不建议开发产品名目。

《简报》中称,截至 2019 年 3 月 22 日在线商品计 4484 项,其中,出版品 728 项;出版授权 93 项;合作开发 2207 项;品牌授权 1456 项。《简报》中披露了"商品销售百分比""年度畅销品销量比较"以及未来重点"建议开发的产品",网站还在授权予文创"合作开发与委托承销"中提出不建议开发的产品。

表 5-2  年度畅销品销量比较

| 商品 | 2019/1/1-3/22 | 2018 年 | 2017 年 | 2018 年变动比 |
| --- | --- | --- | --- | --- |
| 纸胶带 | 22 837 | 102 189 | 111 242 | -8% |
| 钥匙圈 | 8620 | 43 631 | 60 987 | -28% |
| 手机吊饰 | 18 466 | 87 765 | 109 318 | -20% |
| 造型磁铁 | 26 606 | 117 490 | 102 156 | 14% |
| 文件夹 | 19 999 | 98 290 | 107 104 | -8% |

表 5-3　建议及不建议开发商品种类

| 建议开发 | 商务礼品类 | 650~1000 人民币，设计典雅，包装精美 |
| --- | --- | --- |
| | 青年礼品类 | 创意生活用品、随手杯、疗愈小物 |
| | 创意餐具类 | 杯套、餐垫、盘子、碟子、筷子、筷架 |
| | 儿童商品类 | 儿童餐具、围兜、乐高等 |
| 不建议开发 | | 头巾、发饰类商品、擦拭布及手帕、T 恤、手表、镜子、扇子、资料夹、笔记本及便条纸、贴纸、纸胶带、明信片、磁铁、书签、名片盒、滑鼠垫、原子笔、钥匙圈、餐垫纸、马克杯、珠宝类饰品、相框、无框画、行动电源、人字拖、公仔、无功能性摆饰品 |

## （二）娱乐化

### 1. 影视娱乐

综艺节目《爸爸去哪儿》在普者黑录制，通过节目的传播效应，不少观众被原生态美景吸引选择到普者黑旅游，本来名不见经传的景点，一下子成为了人们争相旅游的胜地。电影《非诚勿扰 2》在三亚取景，影片上映后，也为该地吸引了众多游客。京畿道围绕在首尔周围，相较于北京，仿若北京郊区。然而即便如此，利用《来自星星的你》《太阳的后裔》、RUNNINGMAN 等韩国影视剧或综艺电视节目等影视 IP 打造的京畿道旅游目的地，京畿道上的每个旅游景点都能吸引大量的游客。京畿道上的景点多被韩国影视剧取景，有着很强的影视 IP。小法兰西位于京畿道，面积不大，但随着跑男团与《来自星星的你》火热之后，这个新开发的旅游景点迎来了前所未有的火爆期，成对的青年男女慕名而来。景区入口处，远远地就能看见剧中男女主人公的剧照。景区中但凡取景之处，都会有相关的照片与视频播放，随着情景的融合，游客很快地便会被带入电视的情景中。跟随着影视 IP 慕名前来的游客也会格外激动，影视 IP 下带动的粉丝效应，让游客与景区保持着非常高的黏度。

### 2. 网红娱乐

西安是 2019 年公认的网红城市，一部《长安十二时辰》热剧、一个不倒翁小姐姐的网红直播，让一座城红到发紫。从 2018 年的摔碗酒、洪崖洞，到 2019 年的不倒翁小姐姐，文旅产业的网红经济已经表现出与短视频、直播等线上渠道完全不同的产业化模式。在那些能够脱颖而出的文旅"网红"中，"产品形式＋影视直播"成为了其核心爆点。

图 5-3　网红西安

#### 3. 演艺娱乐

旅游演艺已成为文旅目的地标配，成为文旅融合非常重要的一种呈现方式。从 2013 年到 2017 年，旅游演艺场次从 53 336 场增加到 85 753 场，增长了 61%；旅游演艺观众人次从 2789 万人次增加到 6821 万人次，增长了 145%；旅游演艺票房收入从 22.6 亿元增长到 51.5 亿元，增长了 128%。但传统的旅游实景演艺正在进入下半场。当前的文旅演艺项目长期依赖高额投资，同质化严重，服务质量不高。类似《印象·海南岛》《泰山千古情》《海棠秀》等大型项目纷纷停演，目前开始向"小而精""沉浸式""精细运营"方向转型。轻资产模式快速复制仍然是大多数文旅演艺企业的核心追求，旅游演艺市场在积极探索以 IP 主导演艺、撬动文旅消费的新途径。

#### 4. 沉浸式娱乐

尽管目前演艺市场大都标榜自己为"沉浸式"，但更多的是片面迎合消费者偏好和商业化促销。IP 沉浸式娱乐依赖于"沉浸式体验＋娱乐"，IP 唯有沉浸式体验才能深入人心。沉浸式娱乐产业发展至今，目前已形成艺术主导与科技主导的两大方向。前者以先锋戏剧为代表,后者则以 AR、VR 等技术为代表,行业当前仍处于爆款与冷板凳并存的状态。

可以预见的是,随着沉浸式概念的逐步普及,IP 沉浸式娱乐的消费热潮仍将持续。但 IP 的沉浸式娱乐需要从产业链角度重新出发,构建更有效的专业分工体系和商业化整合模式。

## (三)跨界化

### 1. 强强合作

2018 年 1 月 24 日,国际娱乐巨头默林娱乐旗下上海长风海洋世界携手火爆全球的动画 IP《汪汪队立大功》举行了一场神秘而充满童趣的"欢迎派对",成为上海首家迎来汪汪队亮相的场馆!小朋友们不仅能够和自己喜爱的汪汪队亲密接触,更能够化身"小勇士",在长风海洋世界零距离地探索海底世界,踏上保卫海洋立大功的探险征程。作为国际级的海洋主题公园,长风海洋世界引进深受全球小朋友喜爱的动画形象"汪汪队立大功",是强 IP 间的强强合作,其宗旨是为更多家庭提供寓教于乐的创意互动体验,在玩乐中带领小朋友们收获知识和成长勇气,成为有责任心和充满爱的小英雄。

不同于传统的亲子 IP 合作,长风海洋世界围绕海洋知识和馆内体验,精心为小朋友们编织出一个充满幻想和童趣的"海洋城"故事:在长风海洋世界这座欢乐的"海洋城"里,居住着鲨市长、海马秘书和各类海洋生物居民,超级明星汪汪队加入"海洋城巡逻队",成为"海洋城"的正式守护者,并邀请小朋友们一起守卫海洋立大功。在沉浸式童趣故事中,小朋友们能够身临其境地参与海底探险,探索海洋的奥秘,激发想象力和好奇心。网络播放量过亿、拥有超高人气的《汪汪队立大功》是一部精彩的儿童安全救援动画片,讲述了由 6 只本领非凡的狗狗组成的汪汪队救援的故事。汪汪队在每次救援任务中,教授给小朋友简单实用的自救和救援方法,对小朋友的成长具有重要的教育意义。汪汪队与同样重视玩乐和教育相结合的长风海洋世界携手合作,在长风海洋世界举行的"海洋城巡逻队欢迎派对"上迎来了其上海首秀,受到了沪上家长和孩子们的热烈欢迎。

### 2. 品牌联名

一向爱联名周边的喜茶，自然是新年的头号追捧者。喜茶联名《清明上河图》，出了一系列的周边，比如春联、红包、茶礼盒等。喜庆的大红为手机壳的底色，《清明上河图》增添了一丝文艺的中国风元素，"新年见喜"4个大字十分抢眼，可以说是专为春节设计的手机壳了。

为了迎合新年，SKⅡ有心地将包装换成了可爱的米老鼠。很多人的童年，都是在米奇、唐老鸭的陪伴中度过的。没想到有一天，居然在眼影盘上看到它们的身影。

相较于奢侈大牌，vans的鼠年卫衣的价格就贴心了很多。vans和国内设计师赵赵合作，不同于其他品牌，将视角转化到了老鼠的生活环境，颜色以深沉的冷色系为主。

### 3. 组织跨界

天猫+文博、王者荣耀+敦煌、奢侈品+酒店、动漫IP+主题公园、明星球队+小镇，文旅融合的产业大背景已然促成越来越多文旅跨界动作。但局限于简单贴牌、挂名、联名的跨界，已无法支撑未来的场景消费需求。无论是传统地产行业、娱乐行业，还是垂直纵深的互联网行业，都很难单独提供跨越边界、多元融合的文旅产品。目前，地产商、项目运营商、创意供应商、产业上下游，都在寻求文旅产业更好的变现模式。

组织跨界也许正是推进文化和旅游深度融合的关键途径，它能够集合当前产业链上多个角色的产业主体，能够引领文旅产业下半场。尽管目前尚未真正出现可快速复制的大型文旅跨界组织，但诸如北京文化、复兴旅文、宋城演艺等同时拥有地产、旅游、文化、娱乐等多元化基因的文旅企业正在带来惊喜。我们坚信，未来10年，文旅产业的真正跨界变革者终将会横空出世。

## （四）数字化

5G不仅与社交场景相关，更庞大的文旅数字化，也将在2020年之后展开。

随着5G实践应用的落地,大数据、人工智能步入正轨,数字文旅也将迎来发展高峰。当前,文旅行业还处于运营管理的初级阶段。对于大部分目的地来说,景区、酒店、二消、自媒体、OTA、旅行社的完整链路还有待打通。但放眼5G时代和大数据AI时代,完全信息化甚至智能化的文旅内容、直接触达消费者的数字化应用才是真正的商业化场景,这些商业应用方向带给我们关于"5G""数字化""人工智能"的无限畅想。也许不久的将来将打破我们对5G、大数据、人工智能的迷雾,文旅行业的次世代数字化方向由此萌发。

### (五)案例解析——故宫IP运营

#### 1. 故宫的IP矩阵

作为一个拥有近600年历史的文化符号,故宫不仅是一个巨大的IP宝藏,同时也是一个IP综合体,在每个历史人物以及文物背后,都能延展出无数动人故事与巨大商业价值。2008年12月,故宫入驻淘宝,成为国内第一家开淘宝店的博物院。"奉旨旅行"行李牌、"朕就是这样汉子"折扇等爆款商品随后火遍大江南北,而后,故宫又推出了故宫口红、故宫初雪罐等跨界网红产品,每次甫一上线,便被粉丝一抢而空。2017年故宫文创产品的总产值已经达到了15亿元,截止到2020年12月,故宫淘宝已拥有710万粉丝。文创产品是人们最为熟悉的故宫IP产品,然而故宫的IP产品阵营远远不止文创,从影视到音乐,从表情包到输入法,从美食到游戏,日常生活中随处可见故宫IP的身影。

表5-4 故宫的IP产品体系

| | | |
|---|---|---|
| 文创 | 可萌可雅<br>各有侧重 | 故宫针对不同的用户群及消费能力将产品分为【萌系】【雅系】两类。萌系故宫淘宝主推【萌】,迎合年轻消费群体,价格亲民。故宫博物院官方运营渠道主打【雅】,针对传统文化爱好者,更偏重产品品质。文创产品覆盖文具、饰品、商务等方方面面,大致可分为【馆藏】【建筑】【宫廷文化】【御猫】【传统文化/吉祥文化】五大类,均是以故宫本身为内核进行衍生开发。 |

续表

| | | |
|---|---|---|
| 影视 | 跨界综艺<br>超强带货 | 2016年1月7日,《我在故宫修文物》首播,用年轻视角讲述故宫的另一个角度,将文物工作者的故事代入其中,迅速拉近了与受众的距离,豆瓣评分9.4,圈粉无数;2017年12月《国家宝藏》第一季豆瓣评分9.0,第二季评分9.3;《上新了,故宫》,首播电视收视率第一,每期节目围绕特定线索,探秘历史人物/故事,并吸纳相关文化元素,分别和五粮液、麦当劳、小米、百雀羚等品牌合作,共同开发出了美妆、睡衣、香熏、无线耳机等11件涉及9个品类、价格在几十至几万元的文创产品。 |
| 表情包 | 历史人物活化<br>今朝社交活用 | 故宫与腾讯建立长期合作关系,开发了一大批IP,其中包括《雍亲王题书堂深居图屏》《韩熙载夜宴图》(局部)、《海错图》(节选)、明朝皇帝画像等。对外征集故宫IP表情创意,并以QQ企鹅原创开放平台为基础,举办表情设计大赛。李清照抛媚眼比剪刀手,康熙戴眼镜手拿玫瑰自拍等,故宫系列表情包在QQ上线一个月使用量达到4000万。 |
| 输入法 | 故宫神韵<br>指尖流淌 | 2017年底,搜狗输入法以《海错图》、"紫禁城祥瑞"神兽等故宫元素为基础融合设计,推出系列皮肤和表情,借着"打字""聊天"这一流量入口,故宫神韵在数以亿计用户指尖下流淌。 |
| 美食 | 抓住心<br>也抓住胃 | 年轻人最常见的标签除了颜控、追星、二次元,就是吃货。故宫美食"朕的心意"脱胎于宫廷御膳,一经推出,就俘获了不少年轻人。慈禧用来暖胃调经的红糖姜茶,如今摇身一变,成了网上热卖的"妃常暖"姜茶。2018年12月,北京故宫角楼咖啡厅正式营业,咖啡和甜点国风满满,推荐饮品有康熙最爱巧克力、贵妃乌梅洛神饮等,光看名字就让人心动。 |
| 漫画 | 玩转二次元 | 基于产品年轻化战略,2018年8月,故宫博物院联合腾讯漫画打造《故宫回声》,讲述"民国时期,故宫文物南迁+西迁的历史故事",让灵活、生动的漫画人物娓娓道来。 |
| 音乐 | 携手国风少年<br>唱响中国文化 | 2018年8月,QQ音乐发布音乐专辑"古画会唱歌",邀请少年偶像易烊千玺进行演唱,《丹青千里》改编自《千里江山图》,《远山》改编自《潇湘奇观图》……每一首歌曲都是由一幅著名古画"改编"而成,话题感十足。 |
| 夜游 | 紫禁城里过年<br>畅游夜景故宫 | 2018年2月,故宫博物院携手凤凰卫视联合推出《清明上河图》高科技艺术互动展演;2019年年初故宫上元节之夜活动,是故宫博物院94年来第一次开夜,入场门票一票难求。"上元节故宫之夜"诠释了一种以故宫为代表的中国传统文化的生活方式,也用故宫式场景唤起大家内心的文化记忆。 |

续表

| | | |
|---|---|---|
| 游戏 | 畅玩游戏<br>走进故宫 | 天天爱消除、穿越故宫来看你、口袋工匠……不同类型的游戏不断推出，让人们在游戏中增强对故宫的认识、满足对故宫的好奇心。网易与故宫联合开发的《绘真·妙笔千山》游戏，以《千里江山图》为蓝本，再现了古画中的绝美风光，采用横版平面视角与3D自由大视角结合的方式，营造出"如入画境"的体验。 |

**2. IP 运营的启示**

（1）摆脱高冷，精准定位

故宫文创的开发思路，非常的市场化，目标也非常明确，主打"年轻人"市场。经过长达10年的布局，目前故宫19~24岁在用户群体中占比最高（43%），35岁以下的用户比例高达93%。那些曾经生活在这座高冷的帝王宫殿的人们或许未曾想过，半个世纪之后，故宫将以这样的方式复活。

（2）层层剖析，细致入微

文化IP运营过程中，IP的细化度非常关键。摄影师镜头下的房檐、神兽、花朵、宫墙，设计师眼中1500平方米地毯上的花纹，《清明上河图》中人物的服装服饰，以及同样有着深厚存在感的猫咪、小狗……IP的颗粒度越精细，由此延伸而来的具象化软硬产品的细腻度就越高，文化的挖掘就越深入，给用户的感受就越深刻。

（3）精细分层，满足需求

从单价较高的偏高端产品，如贵金属、书画、瓷器、丝绸、陶器、铜器、木器等，到单价相对较低的箱包、T恤、钥匙扣、玩偶、领带、伞系列、笔等，覆盖吃穿住用行不同场景。既可以满足人们的送礼、收藏需求，也可以作为日常生活用品来使用。

（4）线上线下，拓宽渠道

线上：陆续开通了故宫淘宝、故宫商城、故宫文创、故宫出版，还有故宫微店。线下：东长房服务区故宫文化创意体验馆、奥林匹克公园"天穹塔"、澳门艺术博物馆、全国人大北京会议中心等开设故宫文创产品专卖店或专卖柜台。

### (5) 统一规范，开放共赢

2011年，故宫博物院整合标识等核心视觉元素，统一了文创产品的包装，为后续研发的文创产品提供了完整的包装规范，并在严格的规范程序下，开展无形资产授权项目，扩大合作领域。

### (6) 深入浅出，雅俗共赏

娱乐性、实用性强的文创可以让人们迈入文化的门槛，但却很难继续深入；历史感厚重的文创可以让人们直面文化，却不知如何具体解读，只有两者结合的文创产品，才能真正引领人们思考，达到传播文化的作用。

## 三、文旅 IP 变现的举措

### （一）非常规营销策略

#### 1. 优选销售模式

相比于在旅游行业深耕在线旅游企业大佬携程、同程等，飞猪正在成为在线旅游行业的一匹黑马。飞猪选择了不同于 OTA 的 OTP 模式：OTA（Online Travel Agent），在线旅游服务代理商，如携程、途牛、同程等，采用的是互联网企业代理分销模式；OTP（Online Travel Platform），就是在线旅游服务平台，属于电商企业打造的平台模式。简单来讲，携程的模式是采销+运营，它相当于一个最大的酒店线上代理和旅行社，从中收取佣金；去哪儿的模式是搜索比价（资源主要来自线下旅行社），收取 CPS（Cost Per Sales）广告费；而运用 OTP 模式的飞猪则沿用天猫的平台思路，让酒店、航空公司、旅行社等上来开店，收取佣金。

OTP 模式的核心优势在于信息公开、透明化，各个在平台上进行展示的商家，要将商家信息、产品价格、详情介绍等信息公开、透明。而消费者在平台上有了更多的选择，可以根据自己的需求进行价格、服务等各方面的对比，就像组装电脑硬件一样，获得最高的性价比，实现效益最大化。随着出境游和自由行市场的发展壮大，消费者更加注重与众不同的个性化旅游体验，逐渐形成"组件式购买"这一新的旅游消费特征，DIY式的自由组合，也就成为了消费者在旅游行程规划中更加青睐的方式。

2016年双11，飞猪创下21.7亿元成交额的新高，平台上超过50个商家的成交额在双11超过了千万元。平台模式正是当下众多商家为何选择飞猪的理由。上海迪士尼从2016年开业开始，一直以来就将其在飞猪上的旗舰店与迪士尼官网并列，成为"第二官网"。航空公司越来越将飞猪视为直销渠道，许多国际航空公司已经开始在飞猪上的旗舰店开放包括行李托运等非航服务产品，这些都极大提高了飞猪国际机票预订的服务体验。

**2. 品牌社交传播**

66元/支天价雪糕，却挡不住吃货的疯狂追捧。钟薛高作为网红雪糕品牌，2018年3月成立，5月上市，短短几月超30万粉丝，在双11雪糕的淡季，当日销售额突破400万元，简直是雪糕界神话！

钟薛高没有传统TVC广告。它热衷于用social方式来进行品牌口碑传播。考虑到目标消费群体是年轻一代，钟薛高分别邀请了佟丽娅、周一围、敖子逸等受年轻人喜欢的明星，为品牌做代言。用流量明星、KOL（关键意见领袖Key Opinion Leader，简称KOL），来传递品牌的年轻力量，从而产生粉丝经济，带动销量。例如签下今年才18岁的敖子逸，就是其针对00后市场的一次开拓。

在外围造势方面，钟薛高和天猫、盒马、小红书等社区电商型APP建立市场开发的战略合作。通过线上各大平台KOL的宣传、用户个人的分享、微信微博的互动，相辅相成地建立起了完整的social体系，覆盖面广泛。为了给"厄瓜多尔粉钻"造势，钟薛高曾给经纬、阿里巴巴、顺丰等总部分别寄去免费试吃品尝，并分享试吃照片。钟薛高还请厄瓜多尔驻中国总领事馆的领事吃了"厄瓜多尔粉钻"，并获得领事在各种场合宣传产品的曝光流量。

2018年，有野心让囤雪糕也成为一种生活方式的钟薛高，找到流量正在上升期的小红书，让小红书内部员工试吃"种草"，再围绕小红书做整体推广策略，以 KOL 带动品牌。在小红书上搜索钟薛高超过 4000 篇笔记，每 3 个吃货就有 1 个认识钟薛高。一系列的营销组合拳，在过硬产品力的基础上，铺就了钟薛高的网红之路。

**3. 正确用好网红**

5 年前，品牌鄙视链还存在，比如做品牌的看不上做网红的，而今，网红是通往品牌的必经之路，无论大小品牌都在努力把品牌或产品打造成网红。

钟薛高创始人林盛认为，必须先流行成网红，再从网红通往品牌。流行的终极目的是让消费者习惯，沉淀成消费者心智中的品牌。当下产品的生命周期越来越短，如何在流行之后，做持久，成品牌，这成为品牌营销核心问题。

成为网红，是许多品牌梦寐以求的。已是网红的钟薛高，却有着清醒的认识。林盛说过："网红是一个必经之路，但红了以后，你要想的是怎么往下走。"很多品牌误以为，将自身打造成网红是目的。这样的认知错误，会让网红在风靡一时之后迅速冷却，如丧茶、雕爷牛腩。钟薛高在芸芸众生向往的成功网红之路上踩刹车，回归专注打造产品，值得敬佩。

## （二）社群化与流量转化

品牌的 IP 化必然要考虑到受众群之间的特殊文化氛围，通过大数据的比对确定主流和次主流游客群体的年龄阶层、消费水平、文化底蕴和接受能力，以在社交媒体的传播中敲开这类群体的大门。建设 IP 的社群化也是在洞察游客群体，在保证原始游客群的情况下，瞄准富有驱动力和引导能力的新群体，吸引他们扩展市场。

首先确定目标人群，根据目标人群确定产品的使用场景，根据场景链接 IP 圈层，最后由 IP 联合超级用户共同组建社群，影响更多潜在目标用户。其商业逻辑是用 IP 来占领专业认知高地，解决流量来源问题；场景用来强化体验，挖掘用户其他需求，提供一站式系统解决方案，为社群跨界变现创造机会；社群是催化剂，用来催化企业与用户、用户与用户之间的强关系，解决信任与共识。

### 1. 社群共享

从2016年开始，亚朵陆续与著名IP合作。早在2016年11月，亚朵与吴晓波频道合作打造了"亚朵·吴酒店"，首创IP酒店模式。他们把亚朵和吴晓波合作的亚朵·吴酒店定义为"社群酒店"。《吴晓波频道》自己介绍亚朵·吴酒店的时候说：

未来每一座城市的亚朵·吴酒店，都会成为《吴晓波频道》的线下社群场景，这里是《吴晓波频道》社群线下活动的场所，全国书友会的小伙伴都可以到亚朵·吴酒店申请场地举办"每月同读一本书"等活动。

亚朵创始人曾说场景是O2O演进的产物，亚朵会一直通过各个产品渗透到客群的多个空间，希望带领用户感知一种生活方式，彻底打破线上线下的传统束缚，实现体验式消费情景。亚朵生活馆正是这样一个后O2O的商业模式，但与吴晓波的合作，则为这种模式融入了全新的元素。亚朵·吴酒店与吴晓波社群会员的权益打通，满足用户不同的场景的需求，从而提升用户体验。吴晓波会员有了线下阅读和参与读书会活动的据点，而亚朵会员则有了更多积累文化资本的途径。

亚朵围绕阅读和摄影两大主题，在每个亚朵所在的城市，每月举办免费的文化沙龙，目前已经主办了18期。主题可以是摄影、读书，未来也可能做音乐、茶等与中国传统文化相关的内容。这背后的目的很简单，就是想通过线上、线下的方式，与亚朵的"朵粉"产生更多链接，把他们更加紧密地组织起来。

### 2. 内容社交

飞猪APP上的"发现"频道正成为具备旅行社交互动的内容入口，在该频道中，旅行头条、目的地和广场三大版块分别承载着内容媒体、目的地内容聚合和轻社交的互动体验三大功能。

内容正成为激发年轻人旅游灵感的新媒介。年轻消费者越来越不依赖于在千篇一律的浩繁商品目录中寻找自己心仪的产品。激发他们消费冲动的，往往是贴近他们心理诉求的产品内容表达。从旅游产品的角度而言，价格、目的地乃至出发时间都不再是他们选择的主要维度，而个性化的兴趣喜好才是他们选择的标准。

商品内容表达的创新正成为电商们研究的体验设计焦点，无论是旅游直播还是内容的聚合，飞猪已经走在了在线旅游的前面，甚至在旅游社交方面也开始了自己的探索。飞猪 APP 上"发现"频道的互助、玩家秀、结伴等社交元素，正吸引越来越多年轻消费者发表话题，发起结伴活动。

**3. IP 社群落地**

穷游网于 2004 年创立，如今已是国内知名的出境旅行服务平台，用户近亿人。穷游网旗下穷游社区、轻年计划、穷游沙龙等核心产品已经覆盖线上线下两个渠道，持续创新推出的产品在维护本有用户黏性的同时，每年也在增加新的用户。2018 年 12 月，"穷游旅行美术馆"在上海新天地广场开业，作为旅行爱好者聚集地，从线上产品布局到线下产品延伸，已然形成了自己的 IP 社群。

穷游网注重社群间的互动，美术馆中的部分内容由用户提供。"穷游旅行美术馆"的馆长是一只柯基犬，作为店里的"人气担当"，每次来美术馆视察工作都会成为焦点。柯基犬作为馆长并非凭空而来，而是由穷游网作为主体方发起选拔活动，在平台进行了为期一周的投票选择之后，由用户选出的。在"穷游旅行美术馆"内有一面世界地图，密密麻麻的冰箱贴形成了特有景色。这些冰箱贴都是由众多旅行达人众筹而来，包含着他们的一段独特的旅行故事。

在 240 平方米的空间内，以故事的形式展现旅行文化的魅力，并用生活美学的方式去串联每个旅行瞬间。在"穷游旅行美术馆"里，穷游网打破了用户线上使用的"距离感"，将线上产品以更直接的方式呈现在用户面前。用户可以在线下空间内免费下载数百本电子锦囊，挑选旅行产品。无论是线上还是线下体验，穷游网所推崇的"社群文化"始终贯穿其中。

穷游网作为一个从互联网平台开始的公司，多年来的用心经营已然形成了自己的 IP 社群，围绕自身用户社群特征开发新产品，开发线下实体店，具有更直观的交互性体验，转战线下也形成了一定的 IP 效应。定位精准，抓住用户的购物习性和行为特点，线上线下有机结合，再适当地补充和融合，才能更好地将品牌长远发展下去。

## (三)线上线下整合体验

### 1. 场景电商对接顾客体验

亚朵有意发展自己的 O2O 电商"亚朵生活馆",在亚朵生活馆的线上商城里,售卖着消费者在亚朵酒店中所能体验到的各类家居产品或装饰品。2016年,亚朵床垫卖了 3 万张,即使对于一个天猫店来说,这都是一个不小的量。亚朵创始人说到将来亚朵开到 1000 家店的时候,一年会有至少 600 万独立用户,真实体验亚朵空间的各个产品,因此亚朵有机会成为一家巨大的电商公司。IP 酒店的形式也极大丰富了亚朵的经营收入来源。例如亚朵·网易严选酒店里设有零售空间,而其他与亚朵合作的 IP 也在酒店内陈列,售卖周边产品,亚朵可以从中获取销售分成。

同时,亚朵与 IP 方正在加深后期的运营合作,比如网易云音乐会为主题酒店定制演出,而亚朵也计划与不同品牌定制联名产品套餐,放到线上销售。这些依托于 IP 酒店模式的业务线开拓,打破了传统酒店主要依赖客房收入的单一盈利模式,甚至帮助亚朵成功实现了跨界转型。

### 2. 当红 IP 的线下落地体验

在手机、网络兴起的时候,人们的消费方式从传统的去商场买东西逐渐变为网上购物,而如今随着移动智能终端越来越普及,线上当红的同时如何才能做到线下同样优秀?"只打卡不消费"是不是所有线下体验店的致命软肋?

日食记、小红书、一条这些线上当红 IP 纷纷开起线下体验店。比如,日食记的美食制作视频中出现的食材、厨具,都可以在线下体验店中买到。而且通过在线下店的亲身体验,视频中的小清新、高品质、慢生活都成为现实。同样,小红书的线下体验店也在 2018 年 6 月落户上海。在线下体验店,无须卸妆就可以体验 AR 试色,社区内的好口碑品牌商品在现场就可以试用。通过 LED 大屏以及 RFID 技术,让用户只要拿着相关商品走过大屏,就会自动显示出与此产品相关的小红书笔记。在一条的线下店里,每一件商品都有属于自己的二维码,手机扫码就能看到商品的详细图文介绍。线下店里的商品可以在店里直接购买,也可以通过一条 APP、公众号线上下单。

但线上的网红 IP 走到线下，也难免会出现过滑铁卢的案例，比如同道大叔。作为超大星座网红 IP，同道大叔咖啡馆在开业初期的门店也排起长龙，然而咖啡馆与线上内容的唯一关联性是形象的植入，最后难免形成只为打卡而来却少消费或不消费的情况。作为粉丝，打卡拍照后就已经足够，对于非粉丝来说，想要去咖啡馆或甜品店的时候，同道大叔就不一定再是心中首选。而且不少人觉得同道大叔咖啡馆定位并不明确，有点翻版"LINE FRIEND"的意思，缺乏创意和创新。相关业内人士称，综合下来，同道大叔咖啡馆每个月都有一两百万的亏损，再加上前期投入成本高，仅装修就投入四五百万，最终被迫于 2018 年关闭，所以咖啡馆这条线下路并没有成功走通。

## （四）引流 IP 的现实体验

"引流 IP"也称为热点 IP、网红 IP。近年来，场景式还原体验、沉浸式体验逐渐成为热点 IP 落地的有效途径。

### 1. 神农溪裸体纤夫

世界纤夫在哪里？就在三峡巴东神农溪。裸体拉纤（Naked Pulls the Filament）是 20 世纪在长江三峡水流湍急的狭窄河段，岸上纤夫帮助来往行船拉纤提供动力以稳定船体的很普遍的现象，直到 90 年代神农溪景区名扬海内外，三峡库区蓄水后，拉纤才渐渐消失。世界上的纤夫很多，但不穿衣服拉纤的纤夫，唯三峡地区才有，三峡地区的裸体纤夫，又只有神农溪最具代表性。巴东县神农溪纤夫，是三峡古老拉纤文化的活化石。

在 2010 年召开的"两会"期间，湖北恩施州政协委员在大会响亮提出了"还原巴东神农溪纤夫裸体拉纤，以此作为巴东旅游名片"的主张。委员发言引起的反响迅速从场内扩展到场外，不单是传统媒体跟进报道，更多的人把关注的热情投到主流网站论坛上。网友主要的议题有"纤夫该不该裸、裸体拉纤风俗该不该还原？"批评方意见十分尖锐："纤夫一定要是'裸体'吗？炒作非得要'裸炒'吗？游客真的就是为看'裸体'才来神农溪的吗？"

通过这场百家争鸣,什么是纤夫文化、裸体纤夫与纤夫文化的关系、巴东神农溪旅游得到了有效传播。这次网络对恩施巴东旅游的大讨论,双方十分理性,有理有据,有礼有节,使现实与虚拟空间没有区别,没有距离。一"裸"激起千层浪,各大主流网站论坛、腾讯大楚网新闻、新浪论坛等近10家网站围绕"还原裸体纤夫"的主题讨论掀起了热潮,开展的投票活动有超过10万人次参与,一时间"巴东神农溪纤夫裸体拉纤"成为网络热点事件。

地方旅游主管部门和漂流企业统一了认识,一致认为:纤夫文化不仅是巴东的一大旅游名片,亦是恩施州对外宣传的亮点之一。神农溪纤夫是景点的独特标志,只要说到神农溪,大家首先想起的就是纤夫,这在国家5A级景区中占据着极大的分量,没有了纤夫,神农溪将大打折扣!巴东纤夫(裸身)拉纤是历史文化遗产和独特的民族风情,已经引起广泛关注和游客好奇心,反映了劳动人民与大自然的抗争精神。随着时代的进步,如今将其作为一种历史文化通过旅游的方式向世人展示,还原其真实性有受众面和目标市场基础,值得开发成为一项主题旅游产品。现代人的体能在日渐衰退,外地旅游者到神农溪深山峡谷目睹土家男人的艰辛和壮美也是一道独特的风景。"裸纤"并不是行为艺术,在理性尺度下的一定程度的"还原",是具有一定的可行性的。为了宣传旅游,不应该被过度"包装",但可以用游客体验的方式来加以设计。

于是,巴东当地有关方面迅速行动起来。据了解纤夫们先前出于害羞,怕游客责备不文明,所以对裸体拉纤心存顾虑。在"裸体拉纤"体验产品的具体设计中需要采用一些办法解决近距离直视不雅的问题,同时还需要考虑让部分有参与意愿的男性游客进一步深度体验,另外如何开发与纤夫文化相关的衍生品也需要考虑……

(1)纤夫文化教育

纤夫文化的传承和弘扬是一项系统工程,利用健在的"纤夫活化石"——老纤夫现身说法,讲述从前的故事。还原裸体纤夫仅仅只是作为促进巴东神农溪旅游业发展的导火索和引线。为了让外地游客全面了解纤夫文化,展示地方文化历史，可以建立一个纤夫文化博物馆。采取实物与蜡像、图片、声光电等手段，将过去的实物用具、纤夫塑像展示出来，进一步丰富神农溪现有景点的文化内涵。

另外，还要利用好神农溪"裸体纤夫"这块金字招牌，与恩施州盛名远播的《龙船调》《撒叶儿嗬》《土苗兄妹》民俗文化传统节目对接，联合打造地方民族文化品牌。

（2）纤夫行为体验

在景区特定的区域，比如在幽深的峡谷中，同时在征得游客同意的情况下，可以让纤夫表演性的全裸，让裸体纤夫远距离拉纤，让观者产生距离美。一般场合，可以借用同样有着深厚文化底蕴的"茅古斯"文化元素替代，既能遮羞，又能充分表现出纤夫健美的身躯。

在 5A 级景区神农溪，有意愿的游客也可以亲身体验纤夫拉纤。安排一处开敞的河滩，让有意愿参与体验的男游客穿上专门开发的肉色纤夫短裤模拟纤夫拉纤场景，并在健康的躯体上抹上古铜色油彩，摆 Pose 照相留影。

（3）旅游线路延伸开发

越来越多的外地朋友打听神农溪的纤夫、周边的风光以及恩施旅游路线。不管纤夫会不会"裸"，都已让人对恩施旅游不同程度地产生了兴趣。"今年夏天携全家来恩施避暑，就这么说定了。"一位重庆的朋友说。许多从未离开过湖北的朋友对恩施的认识仅限于《龙船调》和女儿会、摆手舞、富硒茶……"神农溪裸体纤夫"对他们来说都是传说。借此东风，将巴东神农溪与恩施州周边其他旅游景点进行串联，整体打包成恩施旅游的拳头产品。

（4）文创衍生品开发

20 世纪 90 年代，神农溪演绎了一曲异国恋，一位打着赤膊的纤夫其健壮的体形深深吸引了一位日本女留学生，还引发了粉丝追星效应。后来，《知音》杂志专门刊登了长篇通讯《神农溪的爱情不漂流》，神农溪的爱情一时名声大振。可以根据这个故事线索开发、演绎文艺作品（短视频等）进行网络传播。

将纤夫短裤和水中草鞋开发成为专门的具有地方文化符号的日常实用品，

要引进专业机构进行文化创意设计,并采用地方工艺进行还原生产,最终向游客销售。

……

巴东时隔5年再举行纤夫文化节,2019年,第七届长江三峡(巴东)纤夫文化旅游节盛大开幕。沉寂了5年的纤夫节重出壮美峡江,一根纤绳再次"牵"动一颗颗神往"秘境巴东"的心。在北纬30度神秘线,长江三峡"翡翠水道"神农溪纤夫文化长廊上,一场隆重、古朴的祭祀拉开了旅游节序幕,身着土家传统服饰的女孩左右侍立,香案上摆放着香烛牲品,纤夫们扛着缠绕着红绸的船桨上前,毕恭毕敬向河神行祭礼。来自各地和中国台湾的上千名游客,无不被这充满神秘色彩的仪式所震撼。随后,在神农溪湍急的险滩上,十余艘"豌豆角"小船旁的纤夫们上阵了,他们穿着草鞋、喊着号子,三人一组将纤绳挂在肩上,踩着溪边鹅卵石弯腰低头逆流行进,船上,前后两个人分别撑竿掌舵。300多米的一段距离,纤夫们拉了近10分钟才完成。在神农溪的纤夫文化长廊上,"裸体"拉纤的原生态纤夫表演,十分震撼。

**2. 神仙仡佬黑叶秀**

在中国西南贵州省遵义市东北大娄山东南麓,万山丛中有一个神奇的少数民族——仡佬族聚集的务川县。务川县成立于1987年,仡佬族、苗族占总人口的85%。学界一致认为仡佬族的族源和古代"僚"(读音为老)人有关,古代僚人很早就在中国西南地区生存。在汉代以前,仡佬族已有若干个部落集团,而以夜郎最为强大。总之,深处大山之中的仡佬族充满了神奇的故事。务川县还是我国珍稀保护动物——黑叶猴的集中栖息地之一,令人神往。

**宣传口号:** **1. 水墨丹青 神仙仡佬——中国务川**

**解释:**

水:洪渡河　　墨:黑猴　　丹:丹砂　　青:青山草原、传奇人物巴寡妇清　　神:神话、神奇、神秘
仙:仙丹、神仙般的慢生活。水墨是自然,丹青是文化。

图 5-4　务川旅游宣传

策划团队在为务川县设计旅游 IP 的时候，面临有多种选择：仡佬族、丹砂女王——寡妇清、九天母石、神奇的灵长类动物——黑叶猴。经深入研讨，最终确立了选择目前市场上尚未被充分认知的独一无二的黑叶猴作为 IP。

黑叶猴最显著的特征就是全身黑色有光泽，头顶有直立的毛冠，耳基至两颊有白毛，类似毛领的感觉。陡然一看，黑叶猴宛若一个全身披着黑色斗篷（镶着白色毛领）、头戴黑冠的人物，甚是奇特，叹为观止！

图 5-5　黑叶猴

借鉴日本"熊本熊"的成功经验，以珍稀动物元素——黑叶猴为灵感，以黑色毛绒为服装材质，开发设计出一套"黑嘢（叶）"系列特色 IP 时装：黑色尖顶，配以黑裤、黑披风斗篷，并以白色毛领为显著识别标志。由模特身穿"黑嘢（叶）"时装，神秘与时尚相混搭，扭着猴步上场，在旅游宣传推广会上一经亮相，即引发全场的一片"嘢"的惊呼！

先推出服装品牌"黑嘢"，利用各类旅游展会推出，激发消费者的好奇心，强化黑叶猴与务川旅游的目的地关联，引爆流量并同步推出旅游线路产品。以此为策划起点，将黑叶猴作为引流 IP，逐步开发一系列地方文创产品、土特产，不断深化旅游者对仡佬主题文化"水墨丹青，神仙仡佬"的体验。

## 四、旅游 IP 商业化运营的阶段

旅游 IP 运营主要分为旅游 IP 品牌塑造和旅游 IP 规模化扩张两个阶段。前阶段侧重于挖掘旅游引爆点，进行旅游 IP 理念内容聚焦，通过策划设计，塑造出个性化的旅游 IP 产品；对接用户时，借助运营手段构建并活化氛围、场景、玩法，满足游客日益提升的旅游需求，引爆旅游目的地，形成品牌竞争壁垒。后阶段基于市场品牌认知度，通过规模化的扩张，延伸旅游产业链，创造和获取市场价值。简单来讲，旅游 IP 商业化运营主要经历 4 个阶段，即：IP 聚焦、IP 塑造、IP 运营和 IP 扩张，最终达成规模化产业链聚集。

### （一）IP 聚焦

聚焦旅游 IP 理念，通过规划、策划等设计手段将旅游 IP 理念转化为商品，依据旅游 IP 商品性质和定位吸引消费用户。在此阶段需要经过反复钻研与感悟，创造性地挖掘游客共同的内在情感及文化认同感，构建出隐藏在资源底层的灵魂、个性与精神，最终提炼出最有发展潜力、最有核心吸引力的旅游 IP 理念 / 内容，从而形成 IP 引爆源。

### （二）IP 塑造

提炼出旅游 IP 理念后，还要从形态、业态、文态、生态等方面着手，打造 IP 体系，将潜在的旅游需求转化为现实的旅游消费载体，塑造出可实操、可落地的旅游 IP 产品。

### （三）IP 运营

依据旅游 IP 产品性质与市场定位，锁定现实市场与潜在市场目标客群，聚焦铁杆粉丝群。依据游客消费群体对 IP 产品进行精细化运营，提升 IP 价值，拉近与游客之间的情感纽带距离，传播、构建文化认同感，让游客与品牌之间产生"黏性"。同时，以旅游 IP 为核心进行旅游衍生品开发，通过"旅游+"跨界融合，丰富旅游产品供给类型，促进二消，实现旅游产品溢价。

（四）IP 扩张

基于旅游 IP 商业化运营前三个阶段形成的品牌效应，通过多旅游 IP 产品叠加、旅游 IP 品牌输出或异地复制等方式，使旅游 IP 最大化获得市场认知，以增强游客黏性，实现多旅游 IP 聚焦的裂变效应。

旅游 IP 叠加通过不断新增旅游 IP 产品，形成多 IP 矩阵集合，实现强 IP 叠加效应。品牌输出适用于资金实力弱但 IP 品牌强的旅游企业，将自身企业成功或成熟的旅游 IP 产品，采取轻资产扩张形式的品牌输出实现规模化布局。异地复制指向资金实力雄厚的企业，将成功或成熟的旅游 IP 产品，采取异地复制扩张，实现规模布局以增强市场认知。

# 第六章

# 文旅 IP 实战案例

## 一、童心童趣，欢乐无限

美国 TEA 和 AECOM 于 2019 年 5 月 22 日发布的报告显示，2018 年全球排名前三的主题公园集团依然是迪士尼、默林娱乐、环球影城，这三家主题公园的共同特点是：均拥有闻名全球的核心 IP。特别是拥有超级 IP 的迪士尼，以 1.57 亿 / 年入园人次的成绩遥遥领先，分别是第二名和第三名的 2.35 倍和 3.14 倍。毋庸置疑，作为一家主题公园集团，极具号召力的自主 IP，为其带来强大的流量，而持续的 IP 创作更是主题公园保持强劲增长的动力。2018 年，全球 10 大主题公园集团的游客总量有史以来首次超过 5 亿人次，相当于全球人口的 7%，这一显著成就正是得益于 IP 的蓬勃发展。

近年来，万达、恒大、富力、保利、碧桂园、世茂、佳兆业等地产公司以及海尔、苏宁环球、棕榈园林、长城动漫、奥拓电子、雷曼股份等大量上市企业也纷纷涉足主题公园，环球影城、六旗、默林等世界知名主题公园运营商也加快了在中国的项目布局与开发。尽管国内主题公园市场竞争日益激烈，但携裹着强大 IP 威力呼啸而至的上海迪士尼依然于 2016 年 6 月 6 日盛大开业。

面对主题公园建设的热潮，如何运用 IP 强势打造主题公园，已经成为主题公园在多元化发展的背景下卓尔不群、屹立不倒的关键。其成功法则可归纳如下：

**（1）避免过度商业化**

当下，很多企业大力推进 IP 建设，除了版权意识的强化，更多的则是眼红于一些超级 IP 所能带来的巨大利润。姑且不说迪士尼那种世界级的动漫形象，就连一些小众的二次元、游戏的 IP 形象，都形成了极具品牌张力的利润链。不过相比 IP 的商业价值，其所代表的内容价值更应该得到重点关注。每一个 IP 的存在都有其自身的价值，只不过这个价值更多地会体现在商业变现的空间上。如果这个价值量本身不够雄厚，再怎么深入挖掘，它的商业价值也不过是无本之木，无源之水，只会过早地消磨掉 IP 本身的内容价值。

**（2）强化 IP 现实体验**

即便一个主题乐园傍上了某个超级 IP，也并不能绝对保证其营业额和影响力提升，乐园的现实体验和用户口碑才是最根本的经营之道。IP 的作用仅仅只是为乐园创造一个独特的定位或内涵，由此实现线下的引流和导流。

武汉万达电影乐园就是一个说明"IP 体验度"的经典例子，它曾号称是世界唯一的室内电影主题乐园，斥资 38 亿元，耗时两年半倾力打造，力求成为华中旅游的新名片。这座乐园在 IP 建设方面确实下了一番苦心，好莱坞特效团队、奥斯卡影片级场景、《西游记》人物重现……无一不是顶着"明星"的光环。然而乐园在 2014 年底开业以来，每天平均客流量仅有 200 多人，最终于 2018 年 7 月底停业，进入了遥遥无期的整顿。

**（3）延伸与沉淀 IP**

新颖的 IP 就像是一个爆红的热点一样，如果没有持续的延伸推动和时间沉淀，很可能一阵热浪过后就被人遗忘在脑后了。所以，乐园在打造自己专属的 IP 之前，需要考虑 IP 的续航力和延伸力，只有能够形成亚文化效应、多业态发展的 IP 才可能有长久存在的生命力。

**（4）追求 IP 情感价值**

目前，中国自己打造的热门 IP 有很多，比如《屌丝男士》《万万没想到》等网络剧，他们在播放期间每每都能引发舆论的热追。但是这些红极一时的 IP 却无法像好莱坞电影超级 IP 一样影响深远，归根结底就只有一个原因：这些 IP

没有自己所代表的感人至深的情感和文化认同价值。

观察好莱坞的超级 IP 可以发现，它们基本都歌颂真善美、亲情、友情、爱情、勇气等普世观念的正面事物，并且也倡导了一种积极向上、自强不息的人生观和价值观，所以才能够收获如此广泛的认同和共鸣。这一点对于主题乐园来说尤为重要，作为儿童成长和亲子互动的主要场所，从一开始就塑造 IP 的正向价值和情感，而非盲目跟风一些流行因素或非主流的搞怪形象，这才是三观正确、可持续的 IP 建设理念。对年轻的消费客群而言，最初的器械游乐已经无法满足他们的精神娱乐需求，被动式的感官刺激也已经不再吸引他们的眼球，而特色 IP、主题更加突出、参与性和体验性更强的主题公园开始渐渐赢得年轻人的心。

IP 是主题乐园可持续发展的灵魂，与单纯依赖于地产发家的游乐园不同，拥有 IP，拥有文化内涵，才能在商业道路上走得更远。所以，打造主题化的 IP 生态圈，为品牌赋予和年轻人同步的价值观和生命力，才是中国主题公园未来的发展出路所在。

IP 在主题公园中的开发应用通常有以下几种形式：

表 6-1 IP 在主题公园中的开发应用

| 应用形式 | 具体实施 | 应用案例 |
| --- | --- | --- |
| IP 形象融入线下场景 | 这是早期的 IP 实景娱乐作品，也是目前市场上最为普遍的 IP 线下呈现的方式。游乐设备配合知名度相对较高的 IP 形象，可对消费者和 IP 粉丝产生一定的吸引力。 | 万达从 BBC 购买《海底小纵队》IP 后打造的万达宝贝王海底小纵队"移动城堡" |
| IP 故事融合设备体验 | 在进行线下二次开发时将 IP 与空间及设备体验结合在一起，重新开发基于线下体验的故事线，以不一样的方式，把游客重新带入到那个他们喜爱的、与 IP 相关的世界。 | 环球影城的哈利·波特骑乘项目、The Void《星球大战》VR 体验馆 |
| IP 故事结合真人互动的沉浸式体验 | 配合真人 NPC 的沉浸式体验也正在受到越来越多人群，特别是年轻人的关注。与真人相关的沉浸式体验包含沉浸式戏剧和真人 NPC 密室逃脱。 | 沉浸式戏剧 Sleep No More/《爱丽丝梦游仙境》；NPC 密室逃脱的综艺 IP《疯狂的麦咭》/影视 IP《风声》等 |

## (一)迪士尼 IP 的商业帝国

### 1. IP 四大业务主线

迪士尼拥有四大业务主线,即网络媒体部门,主题乐园、体验和消费者产品部门,影视娱乐部门,还有直接面向消费者和国际的部门。

网络媒体部门,追求最大曝光,不断让自身内容高频输出。观众可以通过多种多样的渠道了解迪士尼的 IP,对 ABC 电视、Hulu 等多个强势媒体平台的控制权使迪士尼的影视内容充斥大众的日常休闲娱乐生活。

主题乐园、体验和消费者产品部门,即迪士尼的 IP 线下展示平台,主题乐园和体验涵盖了位于美国、欧洲和亚洲的 6 个度假区、迪士尼海上巡游线、迪士尼度假俱乐部以及迪士尼探险;消费者产品主要是 IP 衍生物,迪士尼的直营商品中授权类教育、游戏、影音产品都来自这一板块。据悉《冰雪奇缘》中公主们的裙子就在美国卖出 4 亿多美元,收入极为可观。甚至相较于电影票房本身,衍生品收入往往是它的数倍之多。

影视娱乐部门,IP 赋能与变现的重要渠道。迪士尼的 IP 之所以能够长盛不衰,不仅得益于它对 IP 价值的超强管理力和更新力,与此同时迪士尼深入影视行业变现的每个环节,从上游版权到下游发行,它拥有极为专业的控制力。

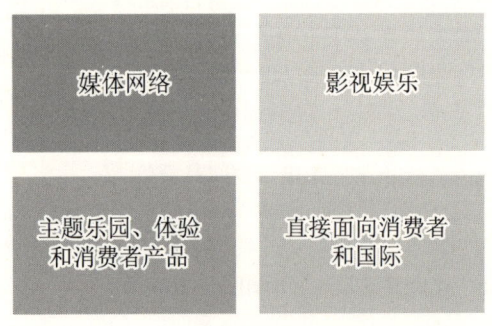

图 6-1 迪士尼四大业务板块

直接面向消费者和国际的部门,充当一个全球性的融合媒体、技术和内容分发组织的角色,向消费者提供迪士尼旗下的内容。它由迪士尼旗下国际和媒体业务以及全球消费者直接对接业务组成,其中包括即将推出的迪士尼品牌流媒体服务 Disney+、Hulu 以及 ESPN+ 流媒体服务。

**2. 迪士尼 IP 的来源**

迪士尼 IP 的来源一般分为 3 种:自主开发、挖掘历史、并购。

迪士尼自有 IP 的来源最为深远。1923 年创办的迪士尼,起初是一家动画制作公司。华特·迪士尼的天资和雄心推动迪士尼逐渐成为动画制作公司中的佼佼者,并成功创造出迪士尼第一个自有 IP,也是迪士尼最深入人心的 IP——米老鼠。在迪士尼发展的一百多年历史里,华特·迪士尼成功地创建了迪士尼自有的 IP 品牌,包括米老鼠、唐老鸭、高飞、小熊维尼等一系列卡通人物形象。通过挖掘历史,迪士尼不断从经典当中抽取形象并成功改造,例如三只小猪、白雪公主、美女与野兽、花木兰等。

由于缺乏对男性市场的覆盖,迪士尼接连收购拥有"总动员"全系列的皮克斯动画、主宰近十年好莱坞电影市场的漫威、拥有星球大战和变形金刚的卢卡斯还有坐拥 X 战警和阿凡达的 21 世纪福克斯。

目前,迪士尼的虚拟人物 IP 大致可以分成四个系列。

①主打可爱卡通形象的米奇系列:包括米奇、米妮、唐老鸭、高飞等;

②针对女性(女孩)市场偏女性化的公主系列:包括白雪公主、花木兰、睡美人等;

③漫威系列,包括有复仇者联盟、钢铁侠、美国队长、蜘蛛侠、绿巨人、雷神等;

④近来收购卢卡斯影业后打造的星球大战系列。

**3. 迪士尼 IP 的衍生**

迪士尼的所有业务,实际上就是围绕 IP 而产生的,电影、游戏、主题乐园、文创产品等主流模式都是迪士尼的 IP 在不同领域、不同形式的主要衍生形式。

(1)电影

动画电影是迪士尼最早起家的业务,也是迪士尼 IP 资产库最主要的来源,而有些动画电影被迪士尼反复用来翻拍。为了迎合每一阶段市场的观众口味,每次迪士尼都能把同一个动画作品翻拍出不同的特色。最近几年，迪士尼又找到了新的翻拍之路——将经典动画翻拍成真人电影，《爱丽丝梦游仙境》《魔境仙踪》《沉睡魔咒》《灰姑娘》《美女与野兽》等电影都改编自迪士尼自己的经典动画。

（2）游戏

迪士尼互动娱乐业务的收入，主要就是靠它游戏的授权和开发。以《冰雪奇缘》同款手游为例，《冰雪奇缘》大获成功之后，迪士尼随即开发相关游戏《冰雪奇缘：缤纷乐》。除了《冰雪奇缘：缤纷乐》，迪士尼旗下的游戏还包括迪士尼与皮克斯联手打造的《迪士尼：无限》、漫威的《复仇者联盟》以及虚拟游戏《企鹅俱乐部》等。

（3）主题乐园

主题乐园可以说是迪士尼IP最大的一种衍生品。迪士尼把它最卖座、最经典的IP，从米老鼠、唐老鸭到艾莎与安娜等等IP，将人物到场景几乎原封不动地搬进了它的主题乐园里。首座迪士尼乐园1955年7月在洛杉矶开园后，便立刻成为世界上最具知名度和人气的主题公园，每年吸引千万人级别的游客前来游玩。截止到目前，迪士尼大家庭已拥有6个世界顶级的家庭度假目的地：加州迪士尼乐园度假区、奥兰多华特·迪士尼世界度假区、东京迪士尼度假区、巴黎迪士尼乐园度假区、香港迪士尼乐园度假区和上海迪士尼度假区。

（4）文创产品

目前迪士尼全球有3000多家授权商，销售超过10万种与迪士尼卡通形象有关的产品，在中国内地已拥有了100多家授权经营商以及1200多个销售专柜。授权生产的产品包括软性产品（如服饰、服装、寝具等）、玩具（如人物造型、棋类游戏、积木等）、家居产品及个人用品（如饮料、健康用品、美容用品等）、消费性电子产品（如大小家电、相机等）。

迪士尼乐园更像是迪士尼这个IP产业链的流通，放大了IP的价值和强化连接。迪士尼乐园60%的收益来自衍生品的消费，如在迪士尼乐园，随处可见米奇的气球、帽子等，且每一个游戏项目的出口，都设置了一家礼品商店。在

2018年迪士尼仅靠授权商品零售便赚进530亿美元，位列全球第一。

**4. 迪士尼IP的运营之道**

（1）"快乐"为IP赋能

在选择IP上，迪士尼公司的品牌自始至终都维系着"为世界提供快乐"的这条主线，一个好IP就是万"乐"之源。迪士尼对自己公司动画人物的形象设计要求十分严格，它必须看上去是"可爱的"或至少是"无害"的，就算是电影里的反面角色也是如此。IP开发的任何一个阶段，迪士尼都不会脱离"快乐"二字。用快乐来打造每一个IP，让IP承载快乐，再把这些快乐封装起来变成商品卖遍全世界，为消费者提供最好、最特别的快乐体验。

（2）匠心打造IP内容

有了IP，第二步要做的就是内容。迪士尼的每一部影视作品都堪称良心巨制，基本上没有"敷衍了事"的情况出现，无论是图画、故事，还是粗细结构，迪士尼对于内容的精致打磨，为后续的衍生奠定了坚实的基础。

以《疯狂动物城》为例，开始的故事架构完全不是后续上映的影片呈现的内容，原本的内容计划中的第一主角是狐狸尼克，但是后来人们看到的其实是以兔子朱迪的视角去讲述整个故事。迪士尼一开始的剧本想把狐狸尼克打造成一个类似侠客或者侦探类型的角色，但是迪士尼方面觉得这个角色有点不太好掌握，于是就把剧本全部推倒重来。这一改变需要花大量的时间、人力和物力，因而迪士尼在打造《疯狂动物城》时，光是剧本就花了好多年时间。

（3）让IP讲一个好故事

迪士尼的每一个IP都像一个个活生生的人物一样，有自己的性格、特性，并且这些特性大都是人们所崇尚的积极的价值观、人生观，例如狮子王辛巴的勇敢、诚实，白雪公主的善良、纯朴等。迪士尼通过电影等，帮这些IP形象讲出自己的故事，让消费者能够将众多故事与迪士尼IP形象联系起来。

图 6-2　迪士尼部分 IP 形象

（4）将故事与场景匹配

在取得了票房口碑的丰收后，迪士尼继续将成功延续到了线上线下的各个场景中。在迪士尼乐园中有故事，消费者不但体会到了各种游乐设施，也体会到了做迪士尼故事主角的乐趣。从停车场到游乐设施，无论是整体环境还是局部细节，迪士尼都把它电影里的故事匹配到了各个场景，希望给游客带来与电影故事无缝衔接的娱乐体验。

迪士尼通过精益求精的内容，使观众产生了非常强烈的文化认同感，将新、奇、特的文化延续性的创造力充分诠释，缔造独有的文化基因，通过内容的塑造，使得迪士尼的 IP 形象就此深入人心。

（5）IP 本土化商业运作

在上海迪士尼的各种线下消费场景中，我们也能看出其对于本土化结合的细致考量，迪士尼乐园既有春节、端午节、中秋节之类的中国传统节日活动，也在其经典舞台剧《丛林的呼唤：人猿泰山》中融入了杂技表演这一中国元素。很多来自海外的游客表示此生第一次看到杂技元素融合到人猿泰山，而且毫无违和感。上海迪士尼将杂技和迪士尼传统的人猿泰山故事进行了高度融合，由此可看出迪士尼乐园非常用心地研究了中国文化，做出了非常本土化的迪士尼乐园。

## （二）松鼠部落的美好生活

"松鼠部落"品牌由上海悉乐文化发展有限公司打造，是目前中国唯一以松鼠为主题打造的户外亲子乐园，被称为中国版"迪士尼"。松鼠部落定位 3~12 岁儿童及家长为核心目标人群，在城市近郊以"无动力运动"为核心理念，通过引进国内外新奇、好玩、有趣的户外玩乐项目,为亲子群体提供30余项户外玩乐体验,同时融入户外教育元素,实现寓教于乐。

#### 1. 形象呆萌,切合亲子定位

"松鼠飞飞"一家的形象原型取自大自然中活泼可爱的松鼠,通过艺术化的处理,突出其亲切、呆萌、机智的形象,利用其活泼可爱、喜爱大自然的特性体现亲子户外运动的主题。

图 6-3 松鼠部落

#### 2. 内容积极向上,愿景美好

松鼠爸爸学识渊博,松鼠妈妈和蔼可亲,松鼠飞飞勇敢机智,松鼠妹妹美美活泼可爱,小宠物壮壮呆萌乖巧,松鼠家庭幸福美满。这一组合符合大多数亲子家庭的情况,亲子家庭进入乐园后,容易进行角色带入。松鼠家庭相亲相爱,也传达了美好的家庭生活愿景。

#### 3. 形象渗透,增强游客IP感知

汇聚全球热门亲子游乐设施,20余项游乐及功能配套项目,春夏秋冬,玩法各异,各个项目充分体现亲子户外运动参与感、互动性、益智性的特性。松鼠的形象被巧妙地运用于各项游乐设施之中,在松鼠王国,游客可以近距离与小松鼠进行互动,感受大自然的乐趣。

### （三）方特不仅有【熊出没】

华强方特是具备成套设计、制造、出口大型文化科技主题乐园能力的全产业链运营企业，主营业务分为两个主要板块：一是包括特种电影、动漫产品、主题演艺及文化衍生品等在内的文化内容产品及服务；二是以方特系列主题乐园为代表的文化科技主题乐园，包括方特欢乐世界、方特梦幻王国、方特水上乐园、方特东方神画4个知名品牌。

**1. 原创动漫IP，融入主题乐园**

华强方特打造的原创IP《熊出没》深受观众喜爱，动画片网络点击率累计1200亿次；《熊出没》4部大电影累计票房高达13.5亿元，成为中国动漫第一品牌。华强方特积极将《熊出没》IP元素植入到方特系列主题乐园中，如还原熊出没生活场景的《熊出没山谷》、熊出没主题项目《熊出没剧场》、熊出没舞台剧等；同时，华强方特还在多地加速推进熊出没主题乐园、熊出没小镇等文旅项目的建设工作，实现动漫与主题公园双赢发展。

（1）【熊出没】IP的来源

与大多数由作品延伸至下游衍生品、主题公园的IP不同，《熊出没》的诞生来自于市场需求的倒推——当时华强方特的主题乐园已经获得成功，深受市场欢迎，作为战略配套，非常需要一个喜闻乐见的动漫形象以及背后的产业支撑，而当时市场上形象鲜明、受众广泛、制作优良的动画形象并不多，整体儿童市场发展处于非常初级的阶段。

最终选择"熊"作为主角，灵感来自于华强公司系列动画《十二生肖闯江湖》。其中有几个笨狗熊，很受观众喜欢，华强决定把这个角色单独提炼出来，为它量身定做一个动画片。

而这样的选择还有更深一层原因，尽管这样原创性的角色在短期内不易打开知名度，而诸如《大圣归来》《白蛇·缘起》这样选择中国神话中的孙悟空和白素贞的形象作为主角，初期更容易打开市场，但公共IP作为共有形象并不具有排他性，不利于控制IP的所有权，在进一步开发中容易产生版权问题。尽管陌生的形象在早期推广上有一定的难度，但在后期无论是衍生品还是主题乐园开发，都能够产生更长远的利益。

（2）【熊出没】IP价值核心

➢ 呆萌IP形象讨人喜爱

《熊出没》以熊大、熊二及光头强为中心，呆萌搞怪的善良小坏蛋形象受到小朋友们的喜爱。熊大、熊二和光头强之间的矛盾就像小孩子一样打打闹闹，但是在出现更高的情感和价值追求时，他们就放弃了以前那种孩子斗气的人物关系，而走向合作，去解决更大的危机。闹剧式的表演、幽默的情节、家庭情感和寓教于乐融为一体，使得《熊出没》中的形象也博得了大人们的喜爱。

➢ 科技赋能，提升游客体验

华强方特的企业核心是文化与科技相结合，用科技手段讲故事。是国内唯一一家集"创、研、产、销"能力于一体的企业，核心竞争力就在于创意设计院、工程设计院、创意研究院，构成了华强方特集团的3个"发动机"。在主题公园方面，综合运用最新的VR技术打造世界领先的VR主题乐园，使游客能够通过沉浸式的体验和交互式的互动来更好地体会项目蕴含的文化内涵，从而获得更加真实的体验。在院线电影方面，精耕特效，将3D效果做到极致，片中有活灵活现的小动物、小精灵出现在眼前时，引发全场小朋友集体伸手去触摸那近在咫尺活灵活现的美景。大朋友与小朋友共同观影时，不仅增加了亲情，也触发了孩子对于科技的好奇。

➢ 以爱引导孩子树立正确价值观

熊大、熊二相亲相爱，相互帮助，虽然时刻与光头强斗智斗勇，但在整个森林遇到困难时，他们又会联起手来应对困难，引导小朋友们朝着勤劳、勇敢、诚实的方向成长。在电影上，更确立了合家欢电影定位的本质，围绕家庭这个核心，爱与亲情、伦理各方面永远是一个重要的话题。作为一部儿童电影作品，肯定不能简简单单博取孩子一笑，更重要的是促进两代人的沟通，父母和孩子在一起观看电影的时候，能够有情感地交流，加深对家庭意义的理解，树立充满阳光的人生观。

（3）【熊出没】IP 落地运营

在"熊出没"诞生的第 7 个年头，围绕着"熊出没"IP 由电影票房、主题乐园和规模衍生品构成的"三驾马车"拉动了制作方华强方特收入的年年攀升。

➢ 电影票房

"熊出没"自 2012 年 1 月登陆央视少儿频道以来，先后覆盖全国 200 多家电视台、网络平台。自 2014 年起，"熊出没"推出院线大电影，第一部《熊出没之夺宝熊兵》坐收 2.47 亿元票房，创造国漫动画大电影的新热潮。

接下来的几部系列影片在第一部的票房基础上不断超越，2017 年的《熊出没·奇幻空间》总票房 5.23 亿元，2019 年《熊出没·原始时代》7.14 亿元，一次次刷新着国产系列动画的票房纪录。

➢ 主题公园

随着"熊出没"和方特主题乐园这两个品牌影响力的持续扩大，华强方特已开始加速"熊出没原创 IP+ 主题乐园"的建设进程。

多地方特主题乐园将园区与"熊出没"IP 相结合，打造了众多形式新颖的特色主题活动，实现动漫与主题公园双赢发展；同时，华强方特还在多地加速推进"熊出没"主题乐园、"熊出没"小镇等文旅项目的建设工作。积极将"熊出没"IP 元素植入到方特系列主题乐园中，高度还原经典动漫场景，营造奇幻动漫世界；而"熊出没"小镇则是方特以"熊出没"IP 为基础，开发的"吃、住、游、学"一体的综合休闲旅游度假小镇。

➢ 衍生品

早在 2014 年，"熊出没"衍生品的年产值就已经超 20 亿元。而这个数字还在不断被刷新，当前"熊出没"系列的授权产品全年总销售额已突破 25 亿元。

那么，华强方特是如何锻造了这头年产值 25 亿元的"熊"？

"熊出没"的衍生品现在有 3000 多款，超过 200 多个授权商，品类包括牛奶、零食、玩具、文具、服装、箱包、洗护用品、游戏、图书等。这些繁多的授权衍生品覆盖了衣、食、住、行各个方面，近年来还增加了一些新的儿童医药品类,比如雾化器、创可贴等。

可以说,全品类、大范围地授权专营,是"熊出没"衍生品的一种重要手段,也是获得超高年产值的基础。

**2. 中华传统文化,IP 创作源泉**

如果说"熊出没"是华强方特创造的专一 IP,那么中国传统文化中的孙悟空、许仙、白娘子等传奇故事则是几千年文化积累下来的更为强大的传统 IP 宝库。华强方特敏锐地抓准了中国传统文化优势,加强了对历史文化资源的挖掘,近年来大胆开发了气势宏伟的"美丽中国三部曲"——东方神画、复兴之路、明日中国,将口口相传的"女娲补天""水漫金山""大闹天宫""西游传说"等 IP,用独特的艺术手法、高科技手段展现出来,最终打造了一个全方位展现中国传统文化精粹的新型中国文化主题乐园"方特东方神画"。

**3. 科技赋能文旅,提升游客体验**

华强方特的企业核心是文化与科技相结合,用科技手段讲故事。是国内唯一一家集"创、研、产、销"能力于一体的企业,核心竞争力就在于创意设计院、工程设计院、创意研究院,构成了华强方特集团的三个"发动机"。综合运用最新的 VR 技术打造世界领先的 VR 主题乐园,使游客能够通过沉浸式的体验和交互式的互动来更好地体会项目蕴含的文化内涵,从而获得更加真实的体验。例如"水漫金山"项目中,每次表演都有 600 吨的水通过计算机精确控制,奔腾而下模拟出水漫金山的壮观场景时,对游客的心理震撼是巨大的,也激发游客对熟悉的故事产生新的理解。

## (四)守护欢乐谷的饼干警长

**1. IP 源自儿童生活,充满亲切感**

《饼干警长》是一部动画片,2011 年 8 月于央视少儿频道首播。讲述了在一个神奇的食品王国,居住着各种各样的饼干人,他们单纯而善良,快乐地生活着,不按常理出牌的饼干警长与慢性子助手曲奇警员是王国的守护者,他们与妄图夺取王国统治权的霉脸大盗一伙斗争到底,在饼干城里展开了一系列有趣的警匪故事。"甜品王国项目"以国产动漫 IP"饼干警长"为内容核心，该动画是华侨城推出的原创卡通系列 IP，主要面向"00 后"等少年儿童。

**2. IP 运营融合线上与线下体验**

江通传媒认为，相比 IP 本身，IP 的运营、放大和规模效益更加重要，真正的 IP 运营应该是全产业链的，有一个完整的生态圈，因此江通传媒提出"IP+"战略，在动画、电影、衍生品、舞台剧、绘本、旅游等方面，跨界合作，发挥品牌的乘数效应，以此来回馈更多喜爱饼干警长的粉丝。2017 年 5 月 28 日，武汉欢乐谷精心打造的全新亲子主题区"甜品王国"盛大开放，这是一座用梦幻甜品打造的"趣乐园"，也是饼干警长欢乐大 IP 落地的第一座线下童话乐园。

（1）故事情节场景化

"甜品王国"项目在建筑立面、装饰、标识、互动媒体上，融合甜品元素，植入《饼干警长》动漫人物形象；在设备、道具包装上，通过放大故事情节来构建场景。将神奇的甜品世界搬到现实世界的美好梦想，将饼干城变成一个真正的可触碰的乐园。

（2）科技赋能文旅，提升场景体验

利用 VR 技术、声光电影等，将动画片中的场景极大还原，提升游客在游玩过程中的体验感，主要有 VR 射击、VR 实感轨道车、4D 环幕影院等。

（3）亲子共享

除了主题性游玩的亮点，在甜品乐园发出征集令，征集小小编剧家，邀请小朋友和爸爸妈妈一起发挥创造力与想象力为警长续写传奇故事。优秀的故事内容一经采用将有机会改编成动画内容，出现在大屏幕上。通过这样的线下线上互动，将虚拟和现实结合，把动画与游乐统一，打造出真正的完整的《饼干警长》IP 产业生态圈。

通过这次跨界合作，欢乐谷完成了乐园消费的升级，从单纯的游乐，演变为富有内涵与感情的 IP 互动。在互动与娱乐中，消费者提升了消费体验，增强了品牌认可度。在衍生品开发上，饼干警长目前暂未有淘宝、京东旗舰店，但市场上已经出现了相关毛绒玩具、毛巾、书籍、拼图、抱枕等。

## 二、特色小镇，别样风情

特色小镇，核心在"特"。纵观世界，不论是生态资源禀赋型的特色小镇、历史文化型的特色小镇，或是特色产业型的特色小镇，都必须有自己独特识别物和独有的形象认知，最终都是以"IP"来彰显个性的。不论是著名的法国戛纳电影小城、普罗旺斯的薰衣草小镇，还是美国格林威治对冲基金小镇，等等，都有其独特的"IP"。

特色小镇 IP 代表着独特的个性和稀缺性，是特色小镇最直观的名片和形象认知产品，是色彩鲜明的元素和符号。而 IP 属性的挖掘和打造需要建立从概念到产品、再到盈利的完整循环，其特点在于构建一种商业与小镇特色的深度融合，从而吸引消费者多次消费。特别是对于一些产业特点不明显、旅游资源不丰富的地区，打造一个全新的 IP 内涵或许会成为特色小镇发展的一剂良药。

### （一）欧洲小镇：品牌 IP 产业化

特色小镇的关键在于选取具有自身优势的特色产业，如果将核心产业作为小镇项目 IP 开发的价值点，这样的品牌化也可为小镇带来更多商业价值。

在欧美国家的产业型特色小镇，无论是农业、工业还是高新技术产业，除了良好的条件外，通常还通过统一规划和资金支持等措施打造高度专业化产业聚集地，从而成为小而精的产业小镇。同时这些小镇依托一家全球性企业及其完整产业链发展产业 + 文旅型特色小镇，形成品牌 IP 化、公司化的特色小镇。

产业 + 品牌，用 IP 提高小镇名气。以产业为核心发展要素的特色小镇，挖掘产业项目的核心，将其作为小镇品牌运营，发挥企业在全球知名度的优势，配套发展和延伸产业链条，打造品牌 IP 的同时，进行小镇营销，从而吸引游客慕名而来。美国好时小镇、丹麦比隆乐高小镇以及香水小镇格拉斯 3 个小镇是极具代表性的产业小镇，看它们如何打造公司化小镇的品牌 IP。

**1. 做强核心竞争力**

美国的好时巧克力小镇位于美国宾夕法尼亚州的好时镇，其拥有3家现代化的巧克力工厂，产量达世界第一。好时小镇将巧克力文化融入其中，最典型的是"巧克力大道"（CHOCOLATE AVENUE）和"可可大道"（COCOA AVENUE）等路牌，巧克力大道上的128盏路灯，灯罩也用上了"KISSES"巧克力的形状。每一处人造的小景观都印上了好时的影像。好时将巧克力文化（"KISSES"巧克力的形状）进行符号化、特征化，成为好时小镇的IP。

**2. 产业打造核心IP**

丹麦比隆小镇是乐高玩具的发源地，是乐高总部的所在地，乐高公司作为比隆小镇的心脏，是小镇最大的制造商和雇主。在比隆小镇，一切都很"乐高"，连酒店也仿佛是乐高积木搭成的，让游客每时每刻都感受着乐高产品展现的魅力，回味着乐高文化在小镇的积淀。乐高作为品牌IP成就了小镇的两大支柱产业：制造业和旅游业。在制造业方面，比隆小镇的生产线负责乐高玩具的制模工序，是乐高在全球的5条生产线之一。在旅游业方面，比隆乐高乐园是当地标志性的旅游目的地，日接待量最高时超过2万人次。

**3. 延伸IP产业链**

产业是公司化小镇的核心，要想得到较好的发展，产业质量必须有所保证。风靡世界的品牌Chanel No.5香水诞生于格拉斯小镇，为法国赢得了"香水之国"的美誉。格拉斯位于法国东南部，是以花卉种植和香水工业为主的特色农业小镇。格拉斯小镇设有国际香水博物馆、弗拉戈纳尔美术馆、弗拉戈纳尔香水工厂、普罗旺斯艺术历史博物馆等著名景点，每年举行国际玫瑰博览会和茉莉花节，并在茉莉花节期间举行盛大的文艺活动，吸引了全世界的爱香及旅游的人士。

## （二）神垕古镇：IP再造千年钧瓷

**1. 神垕古镇，钧瓷之都**

神垕古镇位于河南省禹州市西南30公里，是钧瓷文化发祥地，是具有典型区域特色的历史文化名镇，并且比较完整地保存了一大批古建筑。如今七里长街风貌肌理依然存留，成为保存钧瓷文化记忆的重要空间。在定位方面，利用钧瓷产业和文化的巨大优势，打造神垕钧瓷古镇的唯一性。中国英文名为"China"，正是源于瓷器（英文单词china意为"瓷器"）。神垕小镇依托瓷器产业，可打造为中原第一小镇、世界钧瓷之都，发展为世界级旅游目的地。

### 2. 小小窑匠，神采万千

小镇的建筑、随处可见的瓷窑、当地瓷器匠人等，处处体现着神垕镇的钧瓷文化。然而文化毕竟是虚化的东西，仅仅一件瓷器难以表达出其悠久、深厚的钧瓷文化，如何将这一文化具象化以便于更好地表达与传播呢？此时需要一个IP形象来对钧瓷文化进行承载，"小窑匠"和"神彩儿"应运而生了。

在神垕古镇的发展历程中，窑匠是一个非常重要的角色，没有窑匠的神垕古镇是没有生命力的。在深入神垕古镇了解了当地文化特色之后，提炼出了窑匠这个主要的角色，将"小窑匠"的形象设计成了憨厚可爱的样子。同时，神垕古镇的先民一直都非常渴望神灵保佑窑业兴旺，于是，以神垕火凤凰为原型创作了卡通凤凰"神彩儿"的形象，寓意凤凰涅槃；同时，"神彩儿"活泼、神秘、热情的形象特征也更能够打动游客的心，让游客感受到了神垕古镇神秘、灵动的特质。

### 3. 瓷器之光，入我梦乡

将钧瓷IP融入"住"这一要素，为神垕古镇找到留客的理由。引入了酒店品牌歌璞，酒店的前身，是明朝皇室后嗣来神垕蛰居避世的传奇院落，具有300多年的历史，融入了尊贵、典雅的皇室气息与神垕钧瓷历经千年的文化底蕴，保留庭院建筑、围墙立面的原始野趣。无论是室内空间设计，还是室外空间设计，都将钧瓷作为主要设计元素，不仅将钧瓷文化融入住宿体验，更是根据不同的地方文化特色，打造出彩绘、锦缎、竹刻、文博、水墨、石雕、丝竹、琴瑟等主题文化客房体验。房内的家具器物，也多为各处搜集而来，具有一定历史积淀和文化价值。

古语云："黄金有价，钧瓷无价"，一方面显示出钧瓷的珍贵，另一方面也表明了钧瓷价格之高,对于一般消费者来说,不会轻易购买。但钧瓷文创产品则不同,此时人们不需要花大价钱,却可以购买一件蕴含无限创意的钧瓷文化产品,既有文化性,又有实用性,如钧瓷首饰、钧瓷打火机、"中不中"折扇等。

图 6-4　钧瓷小物

#### 4. 节事助推,走向世界

2017 年 8 月,第十届禹州钧瓷文化旅游节暨品牌 IP 发布会在钓鱼台国宾馆举办;2017 年 9 月 9 日,第十届禹州钧瓷文化旅游节巡回推广活动第一站正式登陆上海;2017 年 9 月 29 日,第十届禹州钧瓷文化旅游节正式开幕,神垕古镇开街迎客,中共河南省委和国家文化和旅游部(原国家旅游局)的多位领导亲手为神垕老街开街揭牌。通过节事营销,为神垕古镇打开通往世界的窗口。

#### 5. 全链规划,统一步调

优质 IP 的打造不能仅仅在景区运营方面强调 IP,而是需要从投资、规划、创意设计、渠道、运营等各个环节紧密围绕 IP 展开,然而大多数情况下这些环节是由不同的公司分别进行,往往会由于对当地文化的认知不同、价值观不同、利益冲突等,导致最后打造出来的 IP "四不像"。为了避免这一情况的发生,神垕古镇通过借助景域驴妈妈集团全产业链一站式业务优势,从建设、招商、运营等方面全程操盘统筹,建立完整的品牌体系和完整的 IP 形象体系,使得钧瓷 IP 的打造更具有稳固性。

在一系列运营、营销、文创、产品、业态完善的努力下，2017 年，神垕古镇接待游客量达到 78 万人次，其中入境游客量达到 5.2 万人次，仅"第十届钧瓷文化旅游节"和"十一黄金周"8 天时间，景区接待量即达 36.5 万人次。2018 年接待超 129 万人次游客，并顺利通过景区 4A 升级报批；2018 年春节期间，神垕古镇景区再迎客流高峰，整个春节长假期间，接待游客近 27 万人次；2018 年五一期间共计接待游客 6.2 万人次，2018 年十一黄金周接待游客量达 22.98 万人次，来访客人络绎不绝，人气爆棚。

### （三）柯南小镇：变动漫 IP 为现实

日本动漫擅长于将 IP 元素包括动漫作品人物、场景、动漫衍生品、动漫作家等与旅游产业相结合，打造"动漫 IP+ 文旅小镇"发展模式，吸引世界各地游客参观体验。打造成熟的动漫特色小镇并非易事，往往需要依托动漫作者或作品带来的人文资源优势和当地政府的政策支持进行发展。

日本鸟取县中部的北荣町作为《名侦探柯南》漫画作者青山刚昌的故乡，通过围绕柯南 IP 打造柯南机场、名侦探列车，以及柯南大道、柯南大桥、青山刚昌故乡馆、柯南侦探社等城区景点，树立"柯南小镇"形象，吸引以动漫迷为主的游客，发展旅游产业。同时重视农业发展，通过农业振兴计划，鼓励农民发展"第六产业"。当地政府在居民卡、户口簿的证明书上面都采用柯南的形象设计。柯南不仅是小镇旅游设施打造的主题，更融入了小镇每个居民的生活中。

**表 6-2　柯南小镇的 IP 运用**

| 柯南火车站 | 日本鸟取县北荣町的 JR 山阴线由良站被赋予"柯南站"的爱称，由良站之所以被爱称为"柯南站"，皆因《名侦探柯南》的作者青山刚昌也出生在北荣町。 |
|---|---|

续表

| 柯南列车 | 运行鸟取车站至米子车站之间的"名侦探柯南列车",每日运行3至5个往返,踏出JR山阴本线的由良站,就有帅帅的新一迎接你,宣告来到了"柯南之里"。 |
|---|---|
| 柯南博物馆 | 该馆以《名侦探柯南》为中心,铺设出青山刚昌绚丽的作品世界。博物馆分为6个分区,除了青山刚昌的个人介绍、漫画作品和动画作品的展示区以外,自助餐厅和大量的动漫工艺品店也被设立其中。 |
| 柯南大道 | 街道都还原了《名侦探柯南》漫画里的场景,窨井盖、路标、邮筒等。 |
| 柯南大桥 | 桥头有一个小小的柯南,桥上的柯南浮雕,据说不少是青山刚昌先生本人亲自监督完工的。 |

日本动漫的衍生产品质量过硬,形式多样,在不同年龄段、不同国籍和文化背景的人群中广受欢迎。任何一个动漫IP的走红,后续几乎都离不开其衍生品的大卖。柯南小镇的商业围绕柯南这个主题,主要是书店、纪念品店类,售卖别的地方买不到的单本以及各种限定版的周边,大受"柯南迷"们的喜爱。

表6-3 柯南衍生品

| 柯南侦探社 | 柯南侦探社是柯南纪念品商店,可供游客购买柯南周边的各种商品,从玩具到标签、笔记本、手机挂件等,也有许多限量商品只在北荣町才能买到,满足游客购物需求。 |
|---|---|
| 柯南邮票 | 2007年4月3日,青山刚昌创作的人气漫画《名侦探柯南》邮票开始正式发行,最初预计,柯南邮票作为"动画·男女主角系列"的第四张在日本全国发行1000万张,在鸟取县内准备发售约5万张。不过,鸟取中央邮局等县内很多邮局都是在第一天就销售一空。 |
| 名侦探竞赛 | 以该县出生的漫画家为中心,开展了"漫画王国鸟取"活动;北荣町还推出了有趣的"名侦探竞赛"活动,参加者将在柯南大桥上拾到一部照相机,然后根据目击证人提供的线索找出真正的失主,答对者将得到一套每个漫画迷都梦寐以求的柯南邮票。 |

图 6-5　随处可见的柯南形象

## （四）玛塔玛塔：探秘魔戒圣地

**1. 魔幻 IP 的创建**

新西兰一直以来以出众的自然风光和历史遗迹，受到全世界游客和电影人的青睐。在被魔幻 IP 激活之前，新西兰应该只算得上一个被称作"上帝的后花园"，大家都吵着想要移民的地方，而《魔戒》的出现，使新西兰多了一个名扬天下的称呼——"中土世界"。

导演彼得·杰克森（Peter Jackson）从 1999 年开始便踏遍新西兰两岛，只为寻找风景最优美、地点最神秘、最能够重现7000年前风土的地方。历尽波折，彼得导演的视野里终于出现了玛塔玛塔小镇——未来的"比村"。

玛塔玛塔是魔幻大片《魔戒三部曲》和其前传《霍比特人1：意外的旅行》霍比特人村庄夏尔的主要外景地。在影片中，玛塔玛塔镇被描绘成几乎是与世隔绝的霍比特村，小矮人哈比族的家园"哈比村"被大草原和森林怀抱着。据说为呈现书中哈比族人悠闲的田园生活，电影剧组人员在电影开拍前一年，即前往农庄种下很多蔬菜和花圃，让它们有足够的时间自然成长，因此电影中的哈比村是完全"真实"的美景，连剧中小矮人住家的门、围栏、房舍……皆是真实场景。小镇上一切景区的开发与挖掘都建立在自身资源的基础上，因地制宜，避免了"小镇撞脸"的情况发生。

图 6-6 "霍比特"式建筑

#### 2. 魔幻 IP 的激活

电影《魔戒》的出现让这片祥和的新西兰土地化身为"中土世界"的旅游胜地。电影《魔戒》作为近年来最成功的超级影视 IP，与新西兰当地旅游业成功完美融合，近年来新西兰已俨然成为了世界各地"魔戒迷"们心中的朝圣地，进而带动了新西兰旅游产业跨越式发展。同时作为《魔戒》拍摄地的玛塔玛塔小镇也一跃成为游客心中向往的经典影视主题旅游小镇。玛塔玛塔借由电影《魔戒》IP 吸引力，吸引了大批游客前来参观，华丽转身为世界旅游目的地。

据新西兰政府统计，18%的游客表示选择来新西兰是受到了电影《魔戒》的影响。2014年至今，电影产业为新西兰创造了2.47万个岗位，带动1.4万人次就业，每年给新西兰带来33亿新西兰元收入。

**3. 魔幻IP衍生品**

现在，小镇上出现了很多"霍比特式"建筑，也有很多专门的旅游攻略跟网红打卡地，以及等着人们带回家的IP衍生品，但依然都是依托独具特色的"IP"文化资源来增加吸引力。

驱车穿过面积达1250英亩、风景如画的牧羊场，沿途欣赏一直延伸到卡迈山脉的雄伟景象，感叹大自然的壮观神奇。参观袋底洞（Bag End），这里正是Frodo和Bilbos冒险开始的地方。再比如，参观电影中的绿龙酒馆和磨坊等建筑，目睹怀卡托一望无际、清新怡人的农田是如何被打造为中土世界里夏尔的所在地。在绿龙酒馆可以品尝到特别酿制的饮料。最后，欣赏完电影布景后，返回至夏尔餐厅以及夏尔礼品店，在礼品店可以选购心仪和独特的纪念品，因为有些霍比特人电影拍摄时的纪念品只有在这里出售。

## （五）拈花湾：禅意IP的人间化

灵山小镇·拈花湾，是灵山集团历时5年，继梵宫之后又一精品力作。坐落在无锡马山国家风景名胜区的山水之间，这里向来有"净空、净土、净水"之称，生态秀美，环境优越。而拈花湾靠山面湖，更与灵山大佛依山为邻，可以说是得尽天地人文灵气。拈花湾的命名一方面源于灵山会上佛祖拈花而迦叶微笑的经典故事，同时也缘于它所在的地块形似五叶莲花的神奇山水。小镇整体建筑风格与日本奈良非常相似，又融入了中国江南小镇特有的水系，打造出了一种独有的建筑风格，使得整个小镇沉浸在美轮美奂的意境中。依托该集团旗下中国佛教文化旅游的标志性景区之一和国家首批5A级旅游景区——"灵山胜境"景区，定位为"集旅游度假、会议酒店、商业物业于一体的禅意特色世界级禅意旅居度假目的地"，首创了国内以禅意文化为主题的特色小镇。

**1. 禅意旅居生活 IP**

拈花湾,源于佛经中"佛祖拈花,迦叶微笑"的典故。以"五瓣佛莲"为原型,规划了主题商业街区、生态湿地区、度假物业区、论坛会议区、高端禅修精品酒店区五大功能区。

正所谓不刻意脱俗的禅意,灵山禅意小镇,因禅而名,由禅而起,得禅而乐。它是对中国禅文化创新性解读与传承,从而创造出来的东方美学空间——唐风宋韵景观群体小镇,亦是禅融入当下休闲度假生活的全新演绎——乐活·禅生活体验,也是适合现代人的时尚生活方式,集休闲度假娱乐以及身心调适于一体,最具东方文化内涵的世界级禅意旅居度假目的地。

拈花湾的开发定位:回归中国传统文化,满足当代中国人的心灵文化层次需求。

**2. IP 主题沉浸体验**

拈花湾围绕禅意的意境,通过禅境观光、禅意休闲、禅农体验、禅心度假、禅修康复、禅学培训、禅游时尚等禅文化主题特色,整合现代人度假"吃住行游购娱"的多功能复合要求。

不刻意脱俗的禅意——打造中国心灵度假目的地。拈花湾的禅意体现在吃、住、行、游、购、娱的方方面面:茶道、花道、香道、禅画、禅瓷、禅餐、禅音;文创精品店、时尚名品店、禅意工艺品店、工坊体验店;一顿精美的素食;禅意精品酒店、主题客栈、青年旅舍。

拈花湾的《禅行》采用行进式的独特观演方式,以拈花湾的山水禅境和唐风宋韵的景观建筑为载体,融观赏、互动、体验、巡游、参与等于一体,游客既是鉴赏者,又是体验者,还是参与者。将拈花湾既有的禅意生活方式和回归传统的生活追求,融合在整个活动之中,展示了抄经、打坐、托钵、经行等禅者生活方式。

不复制传统观光旅游模式——虔心打造传世禅意旅居精品。以"传世旅游精品+高端度假产品"的组合,构建了旅游风情小镇发展的新优势和新格局,将大大推动无锡城市旅游从单一旅游观光地向多元化度假目的地的模式转变。

以艺术化的氛围吸引小镇居民及游客眼球，将从街区、巷道、公共空间等各方面继续精雕细刻，全力确保各个区域都能呈现禅的意境。以场景化的活动激发小镇居民及游客兴趣，将进一步打造一系列以禅意生活方式为主题的品牌活动，通过参与、互动、体验来建立游客与产品之间的感情联系，再由感情传递到商品。把这些情感融入服务、商品、活动之中，实现与游客的情感沟通，实现由社区到生活的空间穿透。以生活化的主张加深小镇居民和游客体验，拈花湾倡导的是简单、健康、快乐的生活方式，通过一身禅服、一杯禅茶、一顿禅餐、一段经文、一场禅行把"拈花湾"带回家。以个性化的产品提升小镇居民及游客消费，提升酒店及客栈的人性化服务与个性化活动，打造中国独具特色的文化体验主题住宿；同时，通过研发禅意生活方式产品、文创产品，与商家共同打造有竞争力的核心品牌，以"匠人精神"提供让市场惊喜的极致产品、服务及体验。

**3. 禅意IP落地运营**

（1）运营模式

采取开放式的运营模式，以持有经营为主，辅助销售性住宅。借助最大限度整合文旅资源，与旅行社、网络媒体建立良好的合作关系，引入途家、同程等资源。由于在规划设计上有房地产＋商业＋景区的不同形态，以地产销售迅速回笼资金，而自持部分通过引入专业的旅游平台及酒店民宿运营平台实现长期盈利。

（2）禅意客栈

拈花湾目前有13家禅意客栈：一花一世界、吃茶去、棒喝、一池荷叶、半窗疏影、门前一棵松、萤火小墅、芦花宿、百尺竿、云半间、一轮明月、无门关、无尘。这些客栈在禅意风格的设计思路下，使用原木和棉麻材质，处处隐喻东方美学的质朴。栖居拈花湾，体验的不仅仅是禅意住宿，更是一段禅意生活的邂逅。

图 6-7　拈花湾禅意景观

## （六）乌镇：将文艺 IP 进行到底

乌镇以先天的优势自然景观为基础，通过融合互联网因素以及戏剧艺术，深化其精神内核，成为了中国文旅小镇的国家名片和世界名片。2014 年 11 月 19 日成为世界互联网大会永久会址，成功举办了 5 届国际乌镇戏剧节和 4 届国际互联网大会。通过"江南水乡"—"戏剧乌镇"—"国际互联网的乌镇"三级跳，成就今天的乌镇 IP 体系。

### 1. 文艺青年的梦里江南

乌镇通过统一的规划设计、运营管理、完善服务、品牌管理等，为众多文艺青年留住了他们心中的梦里江南。

表 6-4　乌镇 IP 的打造

| | | |
|---|---|---|
| 规划设计 | 统一规划，保证风貌干净、完整，保证完好度假环境 | ● 整旧如故，以存其真<br>● 相对完整地保留生活形态<br>● 深厚的文化底蕴通过景点/业态/活动保留下来 |
| 运营管理 | 封闭景区，保证流量；统一运营，保证度假客群渗透 | ● 整体产权开发，复合多元运营，度假商务并重，资产全面增值<br>● 观光与休闲度假并重，门票与经营复合，实现高品质文化型综合旅游目的地建设与运营 |

续表

| 品牌调性 | 多样化风格住宿业态；调性一致的多品类业态 | • 业态调性的一致性：小资、精致<br>• 多样化风格住宿业态：江南风情民宿＋配备完善度假酒店＋豪华商务行馆＋国际青年旅舍，各有风情，档次不同<br>• 业态档次保持一致：购物、休闲 |
|---|---|---|
| 服务标准 | 统一服务标准，保证度假品质；文艺活动焕发新活力 | • 将居民统一迁出，返聘或合伙重新入驻<br>• 管家式服务，统一服务标准<br>• 文艺活动焕发居民新热忱 |

**2. 新时代 IP 的跨界典范**

成为梦里江南的乌镇并不仅仅止步于此，而是进一步展开跨界的步伐，通过"文化＋旅游"放大景区 IP 的重大手段，举办戏剧节和世界互联网大会，打造精神形态上的差异性，在同类古镇景区的竞争中获得无形优势。乌镇，已经从度假小镇成功转型为文化、科技小镇，成为中国文旅小镇的国家名片和世界名片。

表 6-5 乌镇 IP 跨界案例

| 国际戏剧节 | • 6 个各式剧院和 3 个露天场地<br>• 12 个国家和地区的 20 部戏在 10 天时间里演出 73 场<br>• 作品及演出团体的经典性：从汤显祖到田汉，从莎士比亚到布莱希特，演出作品均为大师之作，国内少见<br>• 传统与现代的冲突感，造就小剧场里无法获得的体验。对于游客来说，看不懂戏剧，就偶遇大明星，堪称古镇嘉年华 |
|---|---|
| 世界互联网大会 | • 运作世界级互联网大会<br>• 截止到 2014 年，700 多个国内外会议，包括微软、麦肯锡这些跨国公司的全球高管年会在乌镇举办。世界互联网大会——智慧时代顶级国际盛宴 |
| 时尚标志 | • 时尚活动的举办地<br>• "艺裳江南·映像" EP 雅莹 2016 秋冬发布会、时尚 ELLE 酒会等中法国际年会、跨国巨鳄年会、著名品牌活动、最新时尚走秀、电影全球首映 |

续表

| 木心美术馆 | • 由贝聿铭弟子、纽约OLI事务所冈本博、林兵设计、督造,由乌镇旅游股份有限公司出资,巨匠建设集团有限公司施工,全程历时4年。室内设计由OLI设计师法比安主持,为期一年半。木心的学生、画家陈丹青出任馆长<br>• 文学、音乐活动不断<br>• 游客"会来看看"的景点之一 |
|---|---|

图 6-8　乌镇河道与木心美术馆

## (七)铜官窑:古镇 IP 危机四伏

湖南长沙铜官窑古镇被称为新华联文旅"一号工程",是湖南省首个投资百亿的文旅项目,受到省、市、区级政府的诸多支持。铜官窑古镇在开业的第一天就接待了 3 万多名游客,然而随后景区的游客量急剧下滑,铜官窑的古镇 IP 危机四伏。

### 1. 内生文化不足

一个好的古镇必然要求最大程度还原历史文化场景,大至整体建筑风格,小至每座建筑甚至每根梁等都力求逼真。为此,新华联文旅从江西、安徽、浙江和福建等地收购古宅,花费上千万将古宅原样复迁至铜官窑古镇。新华联文旅原董事长苏波曾提到,古镇其中一处建筑"古戏楼台",从江西"搬"过来,每一根梁、每一根檩条都要编码,复建中反复拆过四五次,难度大,过程复杂,所追求的是达到最好效果。综合来看,古镇的复原,纵然材料和建筑等场景逼真,但它加工的痕迹,那种带给游客距离真实历史的疏离感,以及在游客心智占领上先期不足等方面,都相对明显。有些古镇是"真古董",有古宅院,有文化聚落在里面,但新建的古镇相当于做了"一层皮",其中的文化内容可能不够地道。如果将这种逻辑的产品进行复制,形成产品线,会面临市场同质化竞争。

#### 2. IP 延展内容有限

千年沉船"黑石号"(阿拉伯船)于 1988 年在印尼勿里洞岛附近的爪哇海域被发现,其中 67 000 多件古代器物有 57 500 余件来自铜官窑。2018 年 11 月,征集的 162 件(套)"黑石号"沉船文物被运抵长沙。"铜官窑""黑石号"成为铜官窑古镇的两个文化 IP。同时,"铜官窑""黑石号"这两个 IP 本身并不是很强,铜官窑文化偏向区域性文化,"黑石号"属外域文化,且载体只是一条船,缺少其他的支撑体系,故所能延展的 IP 内容相对有限。

#### 3. 核心吸引物模糊

新华联文旅打造的是一个"古镇+主题乐园"的概念,这种模式,在于古镇与主题乐园两种不同业态的叠加,历史文化体验+现代旅游项目体验,有助于打通全年龄段客群;然而这种集合体也可理解为大杂烩,核心吸引物相对模糊,调性差异明显的两种不同业态的共融互促与联动都是挑战,且增加项目打造与运维成本,以及未来项目更新迭代的成本等。

## 三、人间烟火,美食雅居

### (一)帐篷客:野奢目的地酒店 IP 打造

帐篷客成立于 2011 年,是景域集团致力打造的中国野奢度假连锁酒店知名品牌。该项目通常选址于相对成熟的旅游目的地,以"帐篷"为特色建筑隐于自然。以"重环境、轻建筑、精布局、玩风情"为四大方针,构建"景区+帐篷露营"新颖运营。帐篷客为景域集团旗下品牌,集团涉及旅游规划咨询、旅游电子商务、旅游营销服务、旅游投资等多个领域，其充分利用旗下国内三大OTA之一驴妈妈旅游网的预订平台，以线上线下联动谋求旅游产业链上下游资源的整合，充分利用了驴妈妈平台的虚拟社群，实现了线上流量的线下转化。

### 1. 天生爆款，网红营销

所谓"天生爆款"意指在规划设计之初，就采用经营思路在做设计，从一出生就自带营销的DNA，故而一旦面市，就自带引爆流量。在这个人人都是自媒体的九图营销时代，帐篷客靠分享风靡全国。通过游客兼粉丝的亲身体验，在朋友圈形成二次传播和再创造，最终凝聚成巨大的滚动宣传能量。这全都得益于设计之初的两大绝美要求：帐篷客必须建在绝美的风景区；酒店任何地点任何取景都必须是绝美的风景照，可不用修图，边拍边发朋友圈。第一个绝美要求在选址阶段已经完成，第二个则是对建筑设计、景观设计乃至家具内饰软装的完美追求。帐篷客建筑坐落在万亩茶园中，犹如一望无际的绿野上覆盖了朵朵"伞花"，与环境的契合度极高；家具用品、内饰小物均为私家定制，极简设计融合了安吉本土的竹文化、茶文化，标榜出不同于国外帐篷客粗犷体验的细腻情怀和传统文化韵味，与取自《楚辞》的客房名称相得益彰。因此帐篷客从诞生之初，就自带爆款基因。

### 2. 微目的地生活方式

目的地酒店周边业态必须对消费者采取包围的策略，让"人留下来""钱花出去"，要求在酒店周边形成一个IP集群，在美学上是酒店的IP延伸，在业态上是酒店IP的补充。虽然平均房价高达2500元/晚，但不拘泥于客房收入，关键在于如何衍生增值服务，因此帐篷客结合当地特色景区观光、户外运动、美食等旅游板块，提供垂钓、野餐、SPA、瑜伽等衍生度假服务，形成"1+N"的复合型旅游产品。

### 3. 文创助力IP变现

安吉帐篷客开发的"安吉三宝"，用文创的理念对当地常见的白茶、笋干、土鸡蛋等三种土特产品进行创意包装设计，分别以"查理二世""笋干将""咯咯哒星蛋"作为 IP 形象，这些清新脱俗的萌物捆绑周边乡村的农副土特产品，通过漫画萌图和脑洞大开的山里故事，掀起了酒店礼品销售的热潮，开创了网红酒店＋文创微商＋卖萌 IP 的互联经济新模式，在朋友圈又刮起了新一轮的抢购风。这分明卖的不是鸡蛋，而是安吉生物界的野奢生活，又一次从独特的视角深入诠释了帐篷客的品牌内涵。

**4. 跨界联合，践行野奢 IP**

与德清莫干山 Discovery 探索极限基地独家联合推出极限体验套餐，联合法拉利等时尚品牌举办更多的跨界活动，践行野奢生活理念。

## （二）安缦法云：世界版图的"中国禅"

旅行的最高境界，满世界住安缦，世界上最难被取悦的客人易被安缦酒店串联的旅途触动，极其优质的体验内容定义其旅途中最高配的酒店。2010 年 1 月 3 日，杭州安缦法云开业，无数"安缦痴"纷至沓来。这个自然村落静谧的晨昏，缔造出不同的时空感。

西湖侧身的山谷之间，隐藏于灵隐寺旁，豁然开朗一个世外桃源，仿若唐朝古村落，低调、幽静却奢华。它就是杭州的"古村落"——安缦法云。带着一丝低调，带着一丝神秘，散落在山水之间的 42 幢客房就是白云深处的人家，即便是天天路过的香客，也不清楚这里就是全球最奢华的酒店之一。

安缦法云 IP 打造的成功之处主要在于以下三点：

①选址关键点：休闲市场及目的地＋著名文化景区，保证客源基础及场景延伸，比如中国休闲城市和市场目的地：杭州。

②选择最具代表性的中国元素——禅，文化本身具有哲学价值和美学价值，保证最大的市场吸引度。

③将"禅"的场景展现到极致，保证品牌形象上的高冷调性。古朴氛围＋禅服务＋活动。

**1. 古朴氛围——18 世纪的中国乡村生活**

● 静谧的古村环境＋灵隐宗教气氛。

- 古朴、简约材质：杭州原始村落的木头及砖瓦结构。
- 统一色调：土黄色；灯光昏暗，营造古老氛围。
- 低调、简约却奢华的设施用具。

**图6-9 安缦法云的古朴建筑**

安缦法云掩映在青翠茶园与葱郁翠竹之中，是中国传统与佛教文化浸透下的精神栖息地。整个村落的建筑拥有百年历史，如今以传统工艺修缮一新，酒店以黄土作墙，石砌房基，木窗木门，白墙黑瓦，中式别墅另有一番风味。为了遵循古建美感，房间里几乎所有的家具都是木头的，床架、写字台、房梁、传统雕花木格的内饰将房舍之内古朴的东方韵味极尽挥洒。服务员的衣着颜色也是与氛围和环境相协调的土黄色，有种僧人衣袍的感觉。酒店中每幢建筑都拥有一个诗意的名称，如清秋居、藏花楼等，并搭配有意义相连的对联，如"藏花楼"搭配对联：抚琴床动摇，弄笔窗明虚。整体低调的气氛弥漫着浓浓禅意。

千年古村，百年古木，清幽竹林，青翠茶园，溪水潺潺，云雾缭绕。这些散落在山水之间的房舍，白云深处的人家，当站在安缦法云的庭院之中，行走在这已经有了千年历史的石板路上，可以见到保存完好的宋、元石刻菩萨像，这就是安缦居。围绕这个古村落，共有7个寺庙、1家佛学院。可以去寺庙与僧侣们一同作息，从早课的吟唱，到晚歇的冥想，暂时抛却一切烦恼，感受内心彻底的安宁。

也许，可以用三天时间，或仅需一个周末，便可在杭州安缦法云品味归隐的生活……

**2. 禅生活——以中式传统文化贯穿生活理念**

安缦致力于提供一种无拘无束的生活方式体验，生活方式是关于共同的价值观、对遥远文化的渴望，是对放松的渴望、对创造力和精致的极度欣赏。在这里，经常性地举办一些活动，围绕着"禅意"主题，让顾客在入住期间得到身心的放松，比如：

- 图书馆：举办佛教文化、中国传统文化、茶艺、传统中草药、地方文化考察等研讨及文化交流活动。
- 除了标配的 SPA，有太极、瑜伽、普拉提等活动。
- 参与佛寺活动。

沿着号称"杭州最美散步路线"的——法云径来到客房，这条 600 米长的幽静小道贯穿了整个酒店，散步后可以前往安缦法云的私人俱乐部法云舍，一座 19 世纪的两层建筑。在幽雅的图书馆内细细品读，或参与每天下午的剪纸、书法、捏泥人、茶艺等免费文化体验活动，晚间，可以前往灵隐寺聆听灵隐寺中僧人们做祷告和吟咏祷歌，用这种宁静的方式结束一日的美妙行程。随后返回酒店，顺道前往掩藏在酒店林木深处的数尊石佛雕像，看安缦法云内的自然与古迹的融合。

**3. 营销运营——野奢型度假产品定位**

- 针对高端客群的婚宴。
- 会务客群的高端会议定制。
- 强调私密性。
- 极少上公众媒体。

从度假氛围、服务、软性活动到营销运营，一以贯之的低调高冷，18 世纪的中国村落＋极致化的"禅"；进入—入住—体验（吃穿用……）—活动—运营，创造一系列的与禅有关的仪式感。

如果说品牌存在的意义是让用户为产品买单,而超级 IP 则是让其用户为精神体验买单。通过定义/构建一个非常具象的应用场景,创造一种特殊的仪式感,这种仪式感足以打动小众社群,并具有强大的卷入效应。安缦通过制造全球不同风格的、具有仪式感的"奢华 3.0"度假场景,轻松建立起其用户全球连接。具有仪式感的场景比生活方式更技高一筹,赋予产品更多精神属性。

### (三)花间堂:唯美主义旅居的代言者

"从遇见花间堂的那一刻起,即开始美与欢乐的体验,玩美度假——乐玩,雅玩,野玩"。

**1. 全方位构建"花间美学"**

花间堂被定义为"文化精品度假酒店",倡导将高端精品酒店的服务理念与地方民居、民俗等人文特色高度融合,运用与花有关的度假 IP 全方位塑造唯美主义;选址上,注重传承与保护当地人文情怀;设计上,注重当地人文元素与度假舒适度的高度融合,通过业态及连接花粉的营销活动,捆绑用户。

表 6-6 "花间美学"的构建

| 酒店设计与选址 | 人文氛围浓郁的选址特点;注重与当地环境的融合 |
| --- | --- |
| 消费业态 | 有体验花香的"花精阅览室"、草木 SPA、花艺、茶艺;有运用新鲜食材开发的创意料理;并延伸创立贩售花间堂自主开发商品、跨品牌联名开发商品等零售品牌"花间市集"。 |
| 小资氛围中的花间美学 | 从设计色调、材质、业态、氛围、使用器具等方面营造小资情调,创造并表现可体验、有话题的"花间美学";其独特的 IP"花间美学"始终贯穿其中,并成为"花间堂"品牌的独特核心内容。 |

续表

| | |
|---|---|
| 色调+气味+声音+器物=花间美学 | ■ 色美<br>一场前世今生的色彩对话：历史感与时尚感兼具的主色、配色<br>一场穿越四季的色彩之旅<br>■ 味美<br>花香、墨香、茶道、香道……饥绿轩、多多的面包树里的咖啡糕点<br>茴香餐厅、桔梗餐厅以及探花宴上的各式佳肴……营造弥漫花间的味觉记忆<br>■ 声美<br>一段涤尽烦扰的舒缓音乐<br>几声清脆悦耳的虫鸣鸟啼，抑或是猫猫狗狗的叨声、树上的蝉声、水畔的蛙声<br>营造安静、美好的度假氛围<br>■ 物美<br>天然老物件<br>随意摆放、自由组合的室内家具<br>可在花间集市购买 |

**2. 依托场景变现的购物店**

"如果你爱上了花间堂，爱上了这里的杯杯盏盏、瓶瓶罐罐，爱上了身边姑娘那飘然而过的长袍和挂了一身的叮叮弱弱，请来花间拾零吧！在这里，所有你触摸到的美好全部可以带回家"。

自带势能延伸产业场景下的"花间集"，融入度假场景。欲罢不能的购买冲动，好东西是前提，线上购买实现延伸销售的同时连接用户。

**3. 打造"花粉"社群生态**

超级 IP 的社群生态是 IP 势能转化为价值的关键所在，同时也会对超级 IP 的自我构建进行反哺。花间堂的会员被称为"花粉"，花间堂打造了一个平台将"花粉"联系在一起，通过线上线下的活动，形成集中性、冲动性的购买，即使当下不买，稍后用户仍在卷入过程中。而线上平台则提供了度假结束之后方便的购买途径，进而实现价值延伸和销售变现。例如线下的粉丝聚会+小资活动，烧烤、烘焙、制茶等粉丝聚会，学古琴、茶艺、昆曲等小资情调的主题活动，关于"美"的活动持续不断。

图 6-10　花间美学呈现

## （四）喜茶：不仅是奶茶，更是社交身份

### 1. 喜茶 IP 的提炼

喜茶作为一家网红奶茶店，将自己的核心用户定位在 25 岁到 30 岁的白领，致力于发展自身的 IP 打造。喜茶的 logo 设计为一人手握一杯喜茶，简约的设计符合了喜茶的品牌理念。喜茶让人、货、场三个要素能分别叠加线上和线下的维度，来放大和创新三要素之间的互动关系，也能给用户带来新的体验。话题制造＋极致化＋符号价值＋社交货币或许才是喜茶走红的关键，喜茶走红靠的是优质产品和年轻化的定位，其强调口碑传播带来的流量。

**2. 喜茶 IP 价值观**

（1）制造社交话题

喜茶的营销推广几乎全在线上进行，用话题制造的方式让社交媒体和广大吃瓜群众成为免费推手。在微博上对喜茶进行搜索，发现喜茶后面会结合各种关键词，其中不缺的是"排队""社交""新品"等。其话题数量巨大，在年轻奶茶一代中有巨大影响力。

（2）是茶饮，更是社交产品

喜茶不仅仅出售的是奶茶，更是一种身份的象征。其具有较高的社交属性，为朋友间的交往提供了话题，其在年轻一代中成为了朋友圈的常客。其作为新一代的社交货币不仅为消费者提供了谈资，表明了年轻一代的观点的同时也晒出了所谓圈子内的优越感，作为现代年轻人展现个性的代名词。

（3）注重品质，做极致产品

在原材料上，坚持使用高品质原材料、进口芝士、新鲜水果、天然冰糖，从创立开始就拒绝使用粉末。其注重口感，讲究因季制宜，注重产品品质。喜茶注重茶的品质，精心挑选了上游茶叶供应商，注重产品创新与研发，例如喜茶的招牌产品"金凤茶王"就是喜茶自主研制的茶底。喜茶店内也是将极致化作为目标，你在喜茶店内会看到，虽然小如一杯奶茶，但每杯奶茶都必须经过若干名员工的流水式标准化制作。下单、贴杯、制茶、铲冰、打杯、挂泡、加奶盖、出杯都由不同的人各司其职。在门店设计上，喜茶也颇花心思，以灰色为主色调，搭配木制家具、简洁清新的漫画，充满现代简约设计的装修风格，让人感到轻松、惬意，而又充满质感。

**3. IP 的整合运营**

（1）持续推出周边产品

喜茶在过去几年每年都有推出自身的周边产品，主要分为美妆、服饰、生活三大类。其范围几乎涵盖了生活中的一切日常用品，其中包括口红、衣服、帽子、音响、包、雨伞、手机壳、袜子等。喜茶周边以一种多面渗透式的感觉增加了消费者的黏性。

（2）社交产品"喜茶 Go"

喜茶在 2019 年上半年向外宣布喜茶将来可能会专注做社交，其之前开发的小程序产品"喜茶 Go"用户数目前已经超过了 1000 万，将来可能对其进行升级，打造喜茶社交软件。

中国的现制茶饮门店的总数已经突破了 40 万家，潜在市场规模接近 1000 个亿。喜茶门店平均出杯量近 2000 杯/天，喜茶一杯茶往往需要 40 元上下，单店单月营业额差一点的能达到 50 万元，平均在 100 万元以上。喜茶的行业人士表示，喜茶单店净利润能做到 22.5 万元~45 万元。

## （五）胡桃里：世俗城市的文艺角

### 1. 旧元素的 IP 新组合

胡桃里与很多品牌的垂直细分不同，其走了一条自己的创新路——旧元素，新组合。胡桃里把音乐、咖啡、餐吧、川菜等旧元素进行了重新组合，诞生了音乐餐吧。自胡桃里 2013 年成立以来已经经过了 6 年，胡桃里通过提供高质量音乐和独具一格的设计风格吸引了众多具有文艺情怀的消费者，成为了比酒吧更具文化氛围的夜生活新地标。胡桃里所定位的美食为改良后的"不太辣"的川菜，并根据其所在地的菜色进行融合，让消费者能够享受到夜晚的深夜食堂。其主打的是红酒文化，其所有葡萄酒均获得了国际权威评酒认证，并且都是法国以及西班牙的百大酒庄直供，其母公司合纵文化集团与轩尼诗达成长期稳定合作，从源头上给消费者带来高品质的享受。合纵文化集团作为胡桃里背后的公司，其为胡桃里召集了众多优秀音乐人，打造成了特色胡桃里音乐餐吧。

### 2. 胡桃里 IP 价值核心

（1）餐饮+音乐+酒吧+文艺青年，四大 IP 同步

胡桃里致力于将自身品牌作为 IP 来进行打造，胡桃里的 IP 并非一种，其由 4 个系列组成：川菜+音乐现场+酒文化+文艺青年形象，其经典全景式音乐现场大屏幕形象深入人心。胡桃里本质作为餐饮类酒吧，其主要售卖改良过后

的川菜；胡桃里拥有世界顶尖音响设备，还原了最真实的音乐现场，其每年都会举办多场活动，包括不论是朋友间的聚会还是青年男女的求婚仪式；胡桃里有国际权威评酒认证 RobertParker90+ 美酒，以其有乐有酒的环境不断强化其文艺青年形象。4 大 IP 同步发展，满足了消费者的物质需求和精神需求。

（2）创造"从晚餐就开始的夜生活"

胡桃里的经营理念是"从晚餐就开始的夜生活"，其超 15 个小时的经营时间也成为了其一大特色。胡桃里在餐饮之外延伸出的是集音乐、文化、艺术为一体的集合。胡桃里营业时间从中午 11：00 到次日凌晨 3：00，其满足了美食爱好者、社交达人、音乐爱好者、文艺青年、时尚人士等多类消费者的需求，其创新性地打造了全新的娱乐文化生活方式。

（3）用美味牢牢抓住消费者的胃

胡桃里以原生态食材为材料并融合中国甚至世界烹饪手法而被称道，其所用材料来自全世界，讲究新鲜与口感。特别是胡桃里的果木烤鸡，不仅选用林下放养的果园鸡，更融合了苹果与荔枝木的甜美芬芳，成为了胡桃里的招牌菜。

**3. 胡桃里 IP 落地运营**

（1）超过 15 个小时的营业

胡桃里融合了餐厅、咖啡等元素，将美食、美酒、音乐、艺术自然结合在一起，其打造的是一站式夜生活，其在不同时间段提供不同的服务，中午的时间段消费群体是商务白领，下午时段是各类发布会、商务聚会、文化艺术类活动或者是下午茶，晚上则是三五朋友的聚餐、家人的聚会，晚上 9 点后，就是经营酒吧。

（2）快速拓展文艺周边礼品

胡桃里背靠着合纵文化集团，其名下拥有 2000 多名优秀音乐歌手和制作人，保证了高质量的音乐。其通过胡桃里 IP 的塑造，开发了一系列周边产品，包括胡桃里 U 盘、胡桃里音乐专辑、胡桃里手袋等。其丰富了胡桃里的产品种类，也为胡桃里音乐 IP 形象的打造增添了有形实物的落地优势。

## 四、IP 人物，行走天下

### （一）台湾妖怪村：枯麻和八豆的故事

台湾溪头妖怪村原先只是一个山区小村庄，根据当地的妖怪传说，发展出创意的妖怪传说文化，并依靠"妖怪"一词的特殊眼球经济效应和精心设计的妖怪文化创意社区，极短时间内一跃成为台湾个性的创意园区。

**1. 传说赋能 IP 资源**

相传当地的一位林姓老人年轻时在山上遇到了两只幼年黑熊和云豹，他将它们带回家饲养，分别取名"枯麻"和"八豆"。有一天，老人在工作时遇到了妖怪，枯麻和八豆挺身而出，在争斗中八豆不幸牺牲，枯麻失踪。管理者将重点放在了"妖怪"上，希望通过来源于当地传说的"妖怪"抓住人们的眼球。通过艺术的手法，将"枯麻"和"八豆"搞怪萌化，打造出这两个独特的 IP 形象。

**2. IP 的具体化体现**

妖怪村来源于传说，需要用创意设计的手段将这种传说文化打造成为现实，使人们可感、可知。在妖怪村，为了纪念为救爷爷牺牲的八豆，到处都是这一云豹的雕像；而枯麻在战中走失，因此，会有"小心枯麻"的标语；"枯麻"和"八豆"的形象成为各种场景的主角；每逢节日，会有相关的文化秀、特色活动，游客可以与村中的妖怪进行互动。

**3. 利用 IP 形象变现**

一个好的 IP 形象要使人们可感、可知、可消费，妖怪 IP 被不断挖掘与设计，最终被广泛应用到食住行游购娱各方面去。当地的小吃在造型、用料和命名上都充分切合这一定位基调，例如热销的"咬人猫面包""妖怪冰激凌"等；当地的伴手礼也独具匠心，精心运用妖怪的元素；当地的旅馆有的直接以"枯麻馆"和"八豆馆"命名，内里的布置也是由它们的萌化形象设计的。妖怪村并不依靠门票经济，大部分收入主要来源于人们对 IP 形象的消费。

## （二）武当 369：凡人过几天神仙日子

"武当369"是近年来武当山倾力打造的养生旅游品牌大IP，是武当山提升品质旅游、产业转型升级的重要标志，正在成为推动武当山全域旅游创新发展的一个重要品牌符号。该IP品牌提出"过几天神仙日子"这一极富诱惑力的宣传口号，集中整合"旅游+"特色优势资源，以道家文化为核心，以人文景观为载体，以生态资源为导向，以康养度假为特色，力求打造身心旅游新坐标。

"武当369"养生游一经面世，即受到众多养生爱好者的追捧，并迅速成为各大旅游市场热销产品，自"武当369"旅游品牌及特色道文化体验产品发布以来，武当山已陆续迎来多个养生团队，实现人气、效益双丰收。

该品牌也是一幅以此为核心要素的武当山全域旅游发展蓝图，即按照全域创新发展的思路和模式去统筹时间、空间核心要素，强化"大旅游、大产业、大市场"意识，健全产业链、价值链、全功能链发展体系，形成全景引客、全业留客、全时迎客、全民好客的全域旅游生态体系。对游客而言，则是全方位体验武当山的"360°物理空间+9°心灵感受"，用心感受、细细品味武当山博大精深的文化和玄妙空灵的山水，最终实现"3分钟忘掉自己，6分钟忘掉世界，9分钟天人合一"的境界，在武当山过几天神仙日子。

**1. 369 品牌 IP 的武当道**

道生一，一生二，二生三，三生万物于"东南西北上下"之六合之内，究于九（宇宙天地万物探究于九）；另世间万物皆阴阳，三是阴阳，六为阴，九为阳。按道家的说法，"九"作为个位数中最大的"阳数"，自然为"数中帝王""道之纲纪"。

三大空间，六大要素无缝对接，打造九种特色体验，旅游玩法升级，让游客流连忘返。三大空间包括武当旅游主体空间、武当旅游内生空间、武当旅游拓展空间；吃、住、行、游、购、娱传统六大要素无缝对接；闲、养、商、学、奇、情新六要素让游客流连忘返；九大特色体验包括武当武术、打坐静心、抄经养性、道茶夜话、道家斋菜、道家早晚课、道家医药、周易文化、辟谷清修。武当369旅游品牌及特色道文化体验产品发布，意味着武当山旅游发展跃上了一个新的台阶,对于提高武当山旅游行业地位,增强旅游品牌优势,丰富旅游业态内容,推进旅游业与其他相关产业深度融合,延长游客停留时间,打造特色浓郁、主题鲜明的旅游产品体验和品牌具有重大意义。

构建全产业链、全价值链、全功能链发展体系,实现武当山旅游的三大转变,促进产业九重升级,着力完成六区建设"三个转变":从单一观光旅游向观光休闲度假旅游并重转变,从门票经济向旅游综合产业经济转变,从建设景点向建设全域景区转变。

**2. IP全方位体验衍生品**

武当369将道教文化融入文创产品之中,打造出一系列武当文创产品,如抱枕、笔记本、U盘等。

道家有云:"见素抱朴,少私寡欲。"武当369"见素抱枕",不仅是对"布衣精神"的回归,体现一种放松、休闲的生活态度,而且其质地柔软、冬暖夏凉、透气吸汗、天然环保的特性,也与道家"现其本真,守其纯朴"的理念相合。承袭中国传统文化,青铜复古,如意形构,武当369品牌形象和道元素的点缀,配以中国结流苏,寓意吉祥如意。

## (三)熊本熊:来自小地方,走向全世界

"熊本熊"卡通形象,是城市经营品牌的一个非常成功的经典超级大IP。

熊本县位于日本西部、九州岛的中心位置,三面环山,63%的土地由森林覆盖,是日本数一数二的农业县。2011年,贯通整个九州的新干线全线开通,这意味着旅客可以更便捷地来到九州观光旅行,县政府看准这个千载难逢的机遇,有意做一些特殊的地方推广活动,吸引旅客在熊本站下车,熊本熊在这个背景下诞生了,成为了熊本县的宣传大使,自推出后关注度不断上升,大大提升了熊本县的知名度,也带来巨大的经济营收,根据当地的日本银行计算,2年内为该县带来的经济回报达1244亿日元(约合76.3亿元人民币)。

**1. 呆萌憨厚人格化,IP形象大家爱**

以熊本县主色调黑色和萌系形象常用的两颊腮红为基础,加之柔软短小的

四肢,给人以娃娃脸的印象,产生亲切可爱的感觉,熊本熊的一举一动,包括经典的捂嘴动作,处处流露出它的笨拙憨厚。

熊本熊就像一个真实的人一样,经常会更新推特和脸书,发布行程,写写经历,偶尔还要客串一下电视节目。在一举一动之中,自然流露出呆萌个性,还会夹杂许多无厘头行为,竞赛活动时摔倒、追着柴犬满公园转圈,通过这些贴近生活又逗趣的行为,熊本熊向所有人传达出了一个信号:我是活的,我是有脾气的。这头有着成人式幽默的萌熊,给人的感觉就是一个活在真实世界里、爱玩、和自己一样的小伙伴,使人不由自主地想与它亲近、接触。

**2. 事件营销,IP 赢得世人知**

熊本熊诞生后,很快就登上了熊本县各种产品的包装,随后又产生了县政府任命熊本熊为熊本县的营业部长、全民寻找熊本熊、熊本熊丢了腮红、熊本熊减肥失败被降职等事件,借助热点营销,熊本熊、熊本县的知名度不断扩大。

**3. 开放 IP 授权,借船出远洋**

熊本县为了扩大宣传,对于"熊本熊"在日本境内的一切商业授权,均采取免费政策。随着世界范围内熊本熊人气的提高,市场需求激增,县政府决定开放海外授权,海外企业有权独立参与"熊本熊"的 IP 授权申请,申请成功后,支出 5%~7% 的版权费即可使用。许多公司为了博得熊本熊粉丝的好感,都主动注册使用熊本熊的形象,如同滚雪球效应一般,熊本熊及熊本县的曝光率越来越高。

图 6-11 熊本熊形象与运用

### （四）卡尔斯农场：草莓主题名扬四海

卡尔斯草莓农场创立于1921年，坐落在德国波罗的海沿岸里的Purkshof小镇，占地120亩。每年5—10月草莓鲜果采摘时，鲜果售卖每天收益可达3万欧元。农场同时也涵盖售卖区、制作区、游乐区、采摘区、动物乐园区等多个区域，具体包括草莓超市、水上陆地游乐园、攀岩架、采摘园、小动物园、水族馆等项目，完成了从一产到三产的完美结合，已发展成波罗的海沿岸大型连锁体验型草莓农庄。

**1. 草莓主题IP全链条植入**

卡尔斯草莓农场从单纯的草莓供应，到形成自己的品牌，草莓IP的植入发挥了至关重要的作用。打造明星产品草莓果酱，形成品牌；从食品到工艺品到生活用品，开发丰富多样的草莓衍生品，实现品牌扩张；对草莓衍生品实行统一商标的管理，同时植入高国民度的草莓人偶形象，让品牌形象得以升华。主题商品—主题餐饮—主题游乐—主题住宿，农场处处体现草莓主题，以及草莓人偶与动物区的互动体验，将游客带入到草莓主题的情景体验中。

**2. 以农场主题坚守IP核心**

卡尔斯草莓农场虽然采用"主题农场+儿童乐园"的模式，但并没有脱离农业基础，儿童乐园的设计深植自身性质与文化，仍以农业为主题，游乐设施仅作为配套与吸引，靠卖产品盈利，放弃了亲子游乐的营收，不仅没有造成损失，反而使产业链得以扩张。这一点既保护了自身的强IP，也守住了作为农场的"本职"，完善了休闲农业功能。

## 五、千年神秘，IP解析

近年来，国家密集出台鼓励文博事业和文化产业发展的系列政策法规。2015年3月，国务院公布《博物馆条例》；2016年3月，国务院发布《关于进一步加强文物工作的指导意见》；同年5月，国务院办公厅转发文化部、国家发展改革委、财政部、国家文物局《关于推动文化文物单位文化创意产品开发的若干意见》,明确鼓励"具备条件的文化文物单位采取合作、授权、独立开发等方式开展文化创意产品开发"。

### (一)博物馆 IP 的核心价值

近年来 IP 开发的热度已从动漫、游戏、影视等行业,蔓延至文博创意产业。博物馆不仅是景区,而且其深厚的历史底蕴、丰富的文化价值,使得博物馆天然就是一个文化资源的大 IP。博物馆 IP 的价值主要体现在为其他的行业和产品提供创意与内容来源,文创产品开发只是博物馆 IP 运营的一部分。通过赋能的方式,跨界融合进行全产业链的"二次开发"才是博物馆挖掘 IP 价值的核心方法论。

### (二)博物馆 IP 的开发模式

随着国内消费结构的升级,各大景区过去依赖门票收入的生存模式也正面临变革。丰富盈利模式、促进游客二次消费,IP 开发是不可多得的一条出路。博物馆是提供公共产品和服务的场所,天然具有公益性和文化事业属性。过于依赖门票经济并非博物馆发展的长期之道,与时下热门的 IP 开发进行结合是时代发展的必然产物。如今人们不再满足于游览、观赏文物,更渴望的是"把文物带回家",持续获得精神文化的愉悦。那么,深入挖掘馆藏文物资源,提炼文化内涵,进行 IP 开发与生产,并按相应标准,将 IP 开发的产品提供给消费者,是满足"人民日益增长的美好生活需要"的现实举措。并且,通过 IP 的产业化运作,在实现传统文化创造性转化的同时,还获得良好的经济收益,这也为博物馆的可持续发展提供了持续动力,实现了博物馆社会效益与经济效益的相互赋能,IP 开发与运营是新时代博物馆发展的必由之路。

纵观国内外博物馆 IP 开发,主要是通过博物馆文化授权来实现。博物馆将拥有的商标、品牌、藏品形象及内容授予被授权者,进而进行文创衍生品的开发、售卖。博物馆按约定,获得相应的权利金。例如,去年由"抖音"联合国家博物馆等七家博物馆推出的《第一届文物戏精大会》，各家博物馆一改往日严肃高冷的形象，通过创意形式，拍摄视频，吸引了众多年轻人的关注和参与，博物馆也迅速成为众多品牌寻求商业合作开发的热门 IP。近两年火遍朋友圈的 IP"故宫"，堪称第一"网红"。通过各种周边创意产品，借助移动互联网与娱乐营销，迅速吸引了新一代的年轻粉丝，并与众多品牌如腾讯、饿了么等合作开发。

如今众多博物馆一改往日高冷形象，集体转型，过节胜地、综艺热门、文创厂商……众多博物馆纷纷走上"社交媒体＋电商""综艺＋电商"的路子。天猫调研发现，近 60% 的消费者愿意为文化溢价买单。2018 年前开设的博物馆天猫店年成交增长高达 100%~150%，部分博物馆成交金额近亿。

### （三）案例解析

**1. 故宫博物院：引领时尚的帝王紫禁城**

故宫博物院成立于 1925 年，是中国传统文化的圣殿。历经 500 年兴衰荣辱，帝王宫殿的大门终于向公众敞开。故宫 IP 绝非仅仅只是明清两代的宫殿建筑而已，所含藏品几乎已经包括了中国古代文明发展的各个阶段及各个门类，通过"故宫"这样一个相对具象化的载体呈现在世人的面前。故宫的镇馆之宝有明清宫廷建筑群、金瓯永固杯、《清明上河图》等。

故宫文创起步时间虽赶不上国际一流的博物馆，但布局理念可以称得上是当之无愧的 C 位。故宫的衍生品的开发首先要提炼国宝元素，每件产品都需要与文物相关联，同时根据产品的用途进行创意的延伸。简单来说就是将文物与大众生活方式、藏品文化信息、优秀的创意设计以及优质的制造供应链结合在一起，使故宫的文创产品具有历史性、艺术性、知识性、实用性、趣味性、环保性。

（1）故宫美人系列

与大英、卢浮宫主推明星文物开发的思路不同，故宫的文创产品开发逻辑是每隔一段时间（以年为单位）会有重点推广的文物，比如近些年的《千里江山图》、金瓯永固杯等。这样从当年的主推文物中提炼产品纹样并配合市场宣发，一箭双雕，市场认知程度极高。

（2）《千里江山图》系列

同时，故宫博物院紧跟互联网发展步伐，2008年12月，故宫博物院淘宝平台上开设了【故宫淘宝】，2016年开设了故宫文创旗舰店、故宫商城、京东旗舰店等销售平台，仅2017年故宫文创的销售量就达15亿元。

（3）IP授权合作

故宫IP拥有匹敌巨星的顶级流量，从一本正经到调皮搞怪，从自我开发到合作联名，授权联名产品覆盖生活的方方面面。

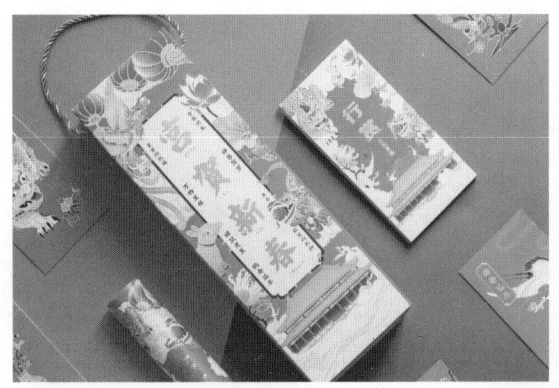 

图6-12 故宫文创

### 2. 恭王府博物馆：半部清史，昨日重现

恭王府是清代规模最大的一座王府，也是现存王府中保存最完整的府邸，曾先后作为和珅、永璘的宅邸。恭王府历经了清王朝由鼎盛而至衰亡的历史进程，承载了极其丰富的历史文化信息，故有"一座恭王府，半部清代史"的说法。

恭王府博物馆文创基于号称"天下第一福源"的福字碑，该碑位于北京恭王府花园秘云洞内。碑上福字是清康熙皇帝御笔手书，所造的一个【福】字暗含子、田、才、寿、福五种字形，寓意多子、多田、多才、多寿、多福。中华民族是一个崇尚福、追求福的民族，自古就有祈福、盼福、崇福、尚福的习俗。可以说"福"字承载着深厚的文化内涵和精神寄托，它穿梭于人们的生活，贯穿于历史脉络的各个领域。

图 6-13　恭王府文创

作为一座清代王府，恭王府博物馆从自身定位入手，通过历史、文化、旅游、民俗 4 个方面，打造 4 张名片，即以恭亲王奕䜣所代表的清代王府文化为核心的历史牌，以《红楼梦》与恭王府关系为基础的文化牌，以和珅一生传奇经历为背景的旅游牌，以福文化为核心的民俗牌。据报道，恭王府的文创产品销售收入接近总收入的 50%，这在文博业中并不多见。

2016 年 7 月，恭王府与国漫 IP "阿狸"的强强联合，吸引大批年轻人了解和喜爱传统文化，把传统文化的内涵以富有创意的方式普及、传递，促进文创

产业发展的新突破。

自双方合作以来,已共同发布 8 个品类共 30 余种 "恭王府 × 阿狸" 系列文创产品,深受广大观众喜爱。

除此之外,恭王府的【福】依旧是各大品牌争相合作的焦点,尤其是临近春节,皇家福祉的 "天下第一福" 是贺岁走亲访友、孝敬长辈的绝佳好礼,绝对地送到 "心坎里"。

**3. 上海博物馆:商业世界里的艺术遗珠**

上海博物馆是一座具有影响力的中国古代艺术博物馆,拥有藏品 100 余万件,珍贵文物 14 万件,在文创产品开发上力求与国际接轨,涌现了一批经得起市场考验的成熟文创产品。独家藏品有大克鼎、怀素《苦笋帖》、王安石《楞严经旨要》卷。

上博十分重视文创产品的开发,1986 年成立上海博物馆艺术品公司,至今已形成特有的品牌经营、创意开发和产品营销的博物馆文创产业链。同时产品的纹饰、造型 100% 源自上博藏品,充分展现文创产品背后的故事。除此之外,上博非常重视线下商店与专柜的开设,分别在 2013 年 3 月和 9 月入驻浦东国际机场 1 号航站楼和东方明珠广播电视塔,成为全国第一家进驻国际机场航站楼的博物馆文创产品专卖店。

2015 年,上海博物馆淘宝店正式上线,共挑选了 5 大类 25 个品种共计 130 余件商品作为第一批上架的文创产品,包括收藏礼品、文化用品、家居潮品、时尚服饰、专题书籍等。

在 2018 年迪士尼·米奇诞生 90 周年之际,上海博物馆和迪士尼·米奇进行了跨界合作,制作、生产了 "博物奇趣" 系列文创产品。米奇与大克鼎、迪士尼与博物馆这些看似毫不相关的跨界合作,将历史与现代、厚重沉稳与妙趣横生有机地结合在一起,产生了奇妙的心理效应和强烈的市场反响。

在大部分博物馆文创产品只是简单地复刻或移用藏品元素的当下,上海博物馆与迪士尼·米奇的联名文创更多考虑了人们的日常生活,兼顾实用性和美观性,将藏品的细节和气质融入了产品之中,而非生搬硬套。例如,在钥匙扣、耳坠的设计上采用了米奇的形象，其上的纹路则是大克鼎的波曲纹。

### 4. 苏州博物馆：吴地遗珍走进现代生活

苏州博物馆馆址为太平天国忠王李秀成王府遗址，在著名建筑设计大师贝聿铭的操刀下建成。苏州博物馆面积 8000 多平方米，分东、西、中 3 路，中路立体建筑为殿堂形式，梁枋满饰苏式彩绘，入口处侧门，有文徵明手植紫藤，内部东侧有太平天国古典舞台等。建筑上主要采用灰白两色，与传统苏州建筑的白墙灰瓦融合得十分恰当；场馆内部大量运用了镂窗来实现移步换景。包揽了众多"吴地遗珍"，是一座最能体现吴地文化的藏馆。

苏博的文创产品有着鲜明的地区特色，建筑周边、"吴门四家"等系列都是抓住了场馆本身或是当地著名的历史人物等进行演绎。抓设计，重特色，开发独一无二，有创意、有美感的文创产品让苏博在众多雷同博物馆中脱颖而出。产品主要以文具、日用百货、DIY 系列、服装鞋包、数码周边、首饰手表、出版物、家居装饰为主。

最能体现苏州博物馆风格的文创产品当数 2013 年问世的"文衡山先生手植藤种子"，这一产品源自苏州博物馆内一棵由江南四大才子之一文徵明亲自栽种、有 500 年历史的紫藤树，这是其他博物馆无法模仿的"绝版"产品。

苏州博物馆在有意识地去强调自己特色，打造独特的视觉符号。这可能是目前很多文创周边所欠缺的东西，这就好比一个品牌要反反复复强调品牌差异化，其实是一个道理，至少苏州博物馆还是有点品牌概念的。

苏州博物馆携手天猫新文创与八大春茶品牌玩转跨界，以唐伯虎的"朋友圈"为线索，以明代江南四大才子的春游穿越之旅为主题，分别策划了桃花流水之间、穿越时空之间、诗情画意之间、山水画卷之间 4 个主题概念的 10 款跨界产品，打造新式爆款中国茶，探索文创的无限可能性。

### 5. 陕西历史博物馆：大唐荣耀余音袅袅

三秦大地是中华民族生息、繁衍，华夏文明诞生、发展的重要地区之一，西安自古帝王都，历史上先后有周、秦、汉、隋、唐等 13 个封建王朝在此建都，具有丰富的地上地下文物，形成了陕西独特的历史文化风貌。陕西历史博物馆是中国第一座大型现代化国家级博物馆，馆藏文物171万件，仅次于故宫博物院，其中国宝级文物18件。

陕西历史博物馆作为中西部地区文物资源最丰富、规模最大的博物馆，在IP打造方面，动手较早，2012年打造的唐妞如今已经颇有人气。陕西历史博物馆的IP打造采取馆企合作模式，博物馆方面在把握顶层，而企业具有更强的灵活性，和市场联系紧密，馆企合作可以在共识、共建的基础上，发挥各自优势。近几年在国家的政策支持和互联网技术的快速推动下，陕西历史博物馆在文创产品领域取得了一定的成绩，陆续开发了"陕博日历系列""唐妞系列"和"女俑系列"等具有代表性的文创产品。

在跨界合作中，陕西历史博物馆首先进行品牌评估，选择合适的品牌形象。其次，产品规划要与气质、风格相符，立足整体进行产品规划和考量，保证社会效益和经济效益。最后，借助社会力量和社会资源，落实品牌的运营。此外，陕博将触角伸向二次元产品，动漫、动画、网游等业态。以内容创新为抓手，以社会资本为动力，以满足线上线下消费者体验式文化消费为核心需求，秉承发展全产品理念，打造一批优质的文创IP。

影视剧方面，陕西历史博物馆为《古董局中局》剧中所出现的精美文物道具提供藏品原型，由剧延伸至馆，向观众还原并介绍文物的真实面目。影视剧合作的同时，陕西历史博物馆联合中联百文、陕西师范大学出版总社、盒中闪电出品了陕博第一款解谜日记——《古董局中局：无尽藏》。

游戏方面，基于大唐时期的历史背景的《云梦四时歌》与自身蕴含着深厚的唐朝文化底蕴的陕博一拍即合，二者围绕"新唐风"概念在游戏主角、符灵、皮肤、活动玩法、游戏细节等部分均进行了深度结合。

陕西历史博物馆举办了一场"花舞大唐"的时尚大秀。由陕西历史博物馆与东方密语联合打造的50款文创新品首次与公众见面，并正式拉开了2019年"丝路追梦"展览的序幕。时尚大秀共分为四幕，分别以"玉妆锦绣""几案清辉""蝉鬓花钿"和"云想衣裳"命名。在博物馆唐风建筑的映衬下，模特们迈着纤纤细步，或手持，或佩戴，或穿着，依次展示着这些以馆藏文物为创意灵感的文创产品。

【总结】

2019年1月8日召开的全国文物局局长会议披露，截至目前，全国博物馆总数已达5136家，2018年全国博物馆举办各类展览超过2万个，近10亿人次走进博物馆，参观博物馆日渐成为一种生活方式。而文创产品既要展现吸引公众购买力的独特魅力，更要展现公众对于博物馆参观体验和文化理解的情绪依托，同时全力打响"中国文化"，让中国特有文化通过创意能量逐渐发光，并通过营销创新实现"利""益"双收的必由之路。而事实上，博物馆是文化高度的最后"堡垒"，如何活化古代文化又保留中国特有的文化审美，需要一个平衡和长久审美力的培养。

## 六、造梦IP，如"影"随行

当下中国影视业蓬勃发展，加之影视IP本身对于消费者的强大吸引力，在未来，将有越来越多优质IP通过探索更多元化的开发途径，为影视旅游的蓬勃发展而助力，并最终让人们的旅游计划可以围绕着经典影视主题而开展。

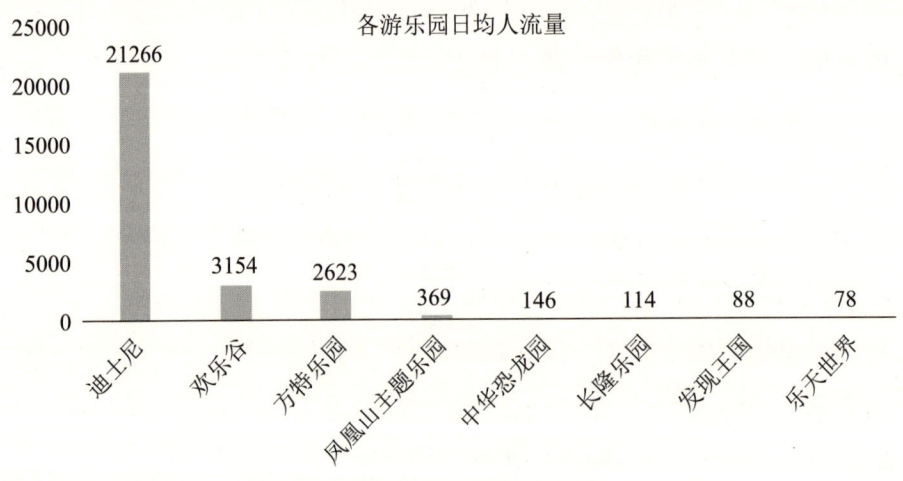

图6-14 游乐园日均人流量

中国影视主题的实景旅游项目的发展始于1987年央视无锡影视城的建成。无锡影视基地是中国第一个影视基地，作为《西游记》《唐明皇》《三国》等热播电视剧的拍摄地，大量游客纷纷前来影视基地游览，原本为影视创作而设计的场景成为了一种新兴的旅游形态。

## （一）影视IP的旅游开发

### 1. 影视场景体验是旅游核心需求

根据用户在微博中发布的文字和照片内容信息发现，在影视城的旅行观光方面，游客主要关注影视经典场景、文化感觉与拍照效果。而由于影视城独特的影视剧场景再现的功能，游客们在游览中对于那些熟悉的"经典场景"的关注，仍显著地高于其他。

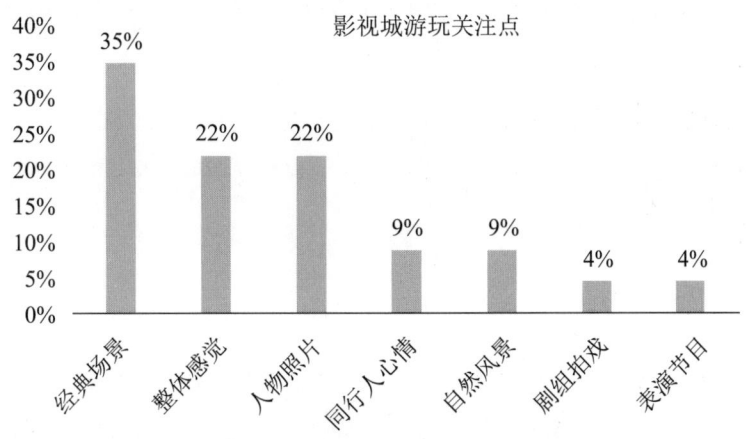

图 6-15　影视城游客游玩关注点

通过综合游客的主要旅行体验，并借鉴国外影视旅游发展中的经验进行分析，相较于传统的游乐园，影视旅游项目在满足游客对于景点的日常期待的基础上，还可以为游客们带来能使其开阔视野、触景生情、沉浸体验的丰富体验——通过融入剧情背后的文化背景，对影视剧中的经典场景加以还原，使他们身临其境，增加了游客的"代入"式体验。利用影视文化氛围营造整体的感觉，并通过尝试增加"角色扮演"等环节，帮助游客沉浸其中，从而补充更多的在传统游乐园中获取不了的游客体验。

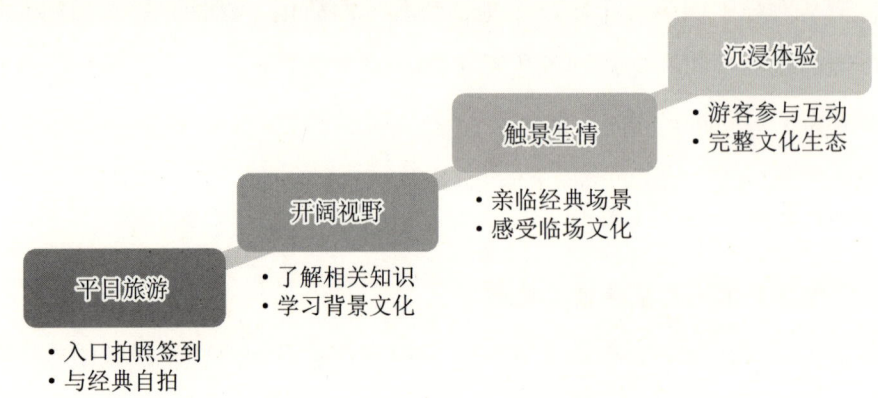

图 6-16　影视城游客游玩感受层次

然而在我国当前影视旅游中，由于部分景点存在着欠缺影视 IP 的文化内涵补充、景点附带产品形式单一的问题、可供游客参与体验的项目仍较为有限等不足，影视旅游景点无法通过更深层、独特的"沉浸"式体验，充分发挥自身区位优势以满足游客的内在需求，而这也造成游客在游玩过程中的主要关注点，更多地停留在"景点打卡"上，仅有约 7% 的游客有充分的"沉浸体验"。

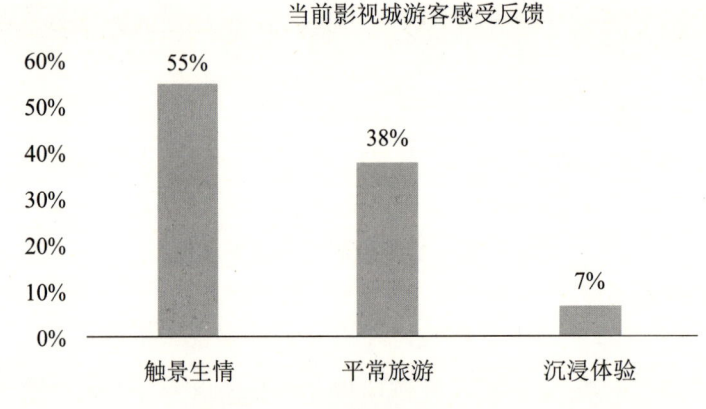

图 6-17　影视城游客反馈

**2. 影视旅游尚处于刚刚起步阶段**

经过对微博用户信息的抓取及分析发现，主动在微博上分享自己在游乐园旅游经历和体验的用户大多会同时表达前往游乐园游玩的动机。但在影视旅游的用户中却鲜少有关于旅游动机的表达。根据数据显示，传统游乐园的游玩动机以陪同朋友或孩子为主，而针对影视城目的地的游玩动机多是出于家庭旅游顺路观光景点。这意味着目前在社交媒体中展现的影视旅游多为被动经历，尚未形成游客的主观旅游意愿。同样地当游客以亲子游、朋友出游作为旅行动机时，影视旅游也并没有成为消费者的主动选择。

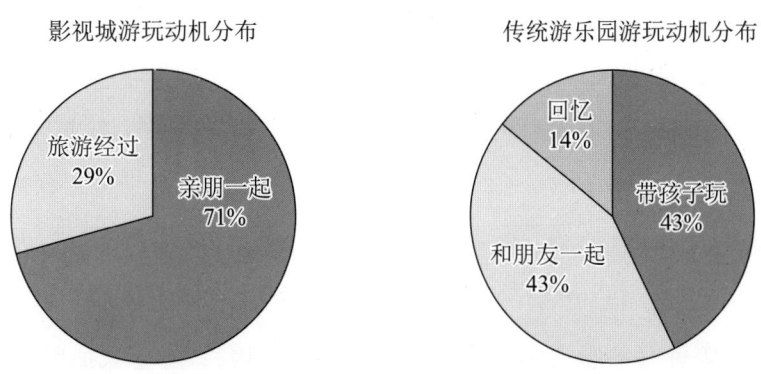

图 6-18　影视城与传统游乐园游玩动机分布对比

挖掘这种现象的根本原因，主要在于两个方面：一是目前国内的影视旅游目的地多是由过往的影视拍摄基地对公众开放演变而来，在总体数量上与游乐园不在同一个量级。而且与经典电影、电视剧 IP 相关的优质成熟影视拍摄基地数目更是匮乏。二是由于影视拍摄基地对建筑使用面积有一定的要求，选址多位于距离主流消费者生活圈有一定距离的偏远地区，因此当人们在策划亲子游或朋友出游聚会之时，距离较近的游乐园成为了更为主流的选择。

### （二）案例解析

在国内影视城排名中，镇北堡西部影城作为《大话西游》《红高粱》《新龙门客栈》等近百部著名影视作品的拍摄地，并依靠其作为《大话西游》拍摄地的这一优势，拥有了远远高于其他影视城的用户声量。观澜湖华谊·冯小刚电影公社则借助《1942》《唐山大地震》等知名电影 IP，位居声量次席。近年来，小说《白鹿原》改编的电影、电视剧均在全国热播并引起相当的话题讨论，其拍摄地陕西白鹿原影视基地声量排在第三。大理天龙八部影视城,作为金庸经典 IP 的拍摄地,加之坐落于全国知名旅游景点大理苍山洱海景区中心的地理优势,而讨论声量紧随其后。其他影视城,虽拥有多个拍摄场景,但或由于 IP 知名度相对较弱,或因为以所在地名称命名,而没有吸纳相关 IP 的声量,在社交媒体的提及量上也显得稍弱。

**1. 镇北堡西部影城:中国文学的影视摇篮**

镇北堡西部影城位于银川市城区西北郊区空旷的荒野上,距市区 35 公里,有两座明清时代的边防城堡遗址。1961 年,尚在农场劳改的张贤亮发现了它,并在 80 年代初期将它介绍给了影视界。迄今为止,这里已拍摄了获得国际国内大奖的《牧马人》《红高粱》《黄河谣》《黄河绝恋》《老人与狗》以及《大话西游》《新龙门客栈》《逆水寒》《独行侍卫》《大敦煌》《火舞黄沙》《乔家大院》《老柿子树》等近百部影视剧。而在其诸多的景点项目中,《大话西游》作为 75 后、80 后、90 后等几代人的经典回忆,吸引力最为强大,孙悟空喊出经典对白"爱你一万年"的那个城墙,早已成为游客们争相合影留念、"喊话"的著名景点。而在为游客们展示那些经典的银幕记忆以外,镇北堡依旧片约不断,作为中国西部题材和古代题材的电影电视最佳外景拍摄基地,持续激发着影视人的艺术创造力。

图 6-19 镇北堡西部影城

**2. 冯小刚电影公社：电影 IP 与城市 ID 的共鸣**

冯小刚电影公社坐落于观澜湖海口国际高尔夫度假区，由观澜湖集团携手华谊兄弟公司、导演冯小刚巨资打造，总投资 55 亿元，占地面积 1400 亩，是全球首个以导演个人命名，实景旅游、实体商业、影视拍摄三位一体的大型电影主题景区。通过依托《1942》中出现的重庆街道为蓝本建成的 1942 风情街，融入《非诚勿扰》《夜宴》《天下无贼》等冯小刚导演的贺岁电影的经典场景为建筑规划元素的园林景观区，在呈献出 20 世纪百年间中国城市街区的光景变迁的同时，也成为集建筑艺术、电影文化和商业休闲为一体的电影园林景观区，包括 1942 民国街、社会主义老北京街和南洋街三条大街，芳华小院、影人星光大道、2 个中型摄影棚，以及全球最大的 8000 ㎡ 摄影棚和相关配套服务区等。

冯小刚电影公社不仅是影视城的品牌定位，更是将电影 IP 与城市 ID 深度结合，将内容转化为沉浸式娱乐体验的实景旅游项目。电影公社中建筑的一砖一瓦、陈设招牌甚至植栽，皆是逐一考究文献典籍与历史古迹而成。2014 年开业第一年电影公社即取得突破百万旅游人次的成绩，翌年更突破 200 万旅游人次，获选为海南年度最受欢迎旅游景区，目前已成为海口旅游第一目的地。

如今的电影行业谁都希望拓展票房以外更大的市场，华谊在线下的布局也是基于这一目的。华谊将这一块业务统称为"品牌授权与实景娱乐"，华谊兄弟董事长王中军曾在接受采访时表示华谊未来将在电影 IP 方向重点布局，希望用电影打响 IP，用 IP 撬动营收。

**3. 横店影视城：中国的明星好莱坞**

横店影视城是 1996 年为配合著名导演谢晋拍摄历史巨片《鸦片战争》而建并向公众开放，以其厚重的文化底蕴和独特的历史场景而被评为国家 5A 级旅游景区。现在的横店拥有广州街·香港街、明清宫苑、秦王宫、清明上河图、华夏文化园、明清民居博览城、梦幻谷、屏岩洞府、大智禅寺、红军长征博览城、春秋·唐园、圆明新园等 13 个跨越几千年历史时空、汇聚南北地域特色的影视拍摄基地和两座超大型的现代化摄影棚。目前是全球规模最大的影视拍摄基地，中国唯一的"国家级影视产业实验区"，被美国《好莱坞》杂志称为"中国好莱坞"。

值得关注的是横店展现出的在旅游方面强大的吸金实力，目前横店年接待游客数量超过2000万人次，旅游收入高达200亿元，占整个影视城收入的60%，超过一半。鲜少有人知道横店的影视场地免费提供给剧组，主要靠的是旅游收入，本质上说横店是一种另类的主题乐园。对于这样的说法横店运营方表示横店一直以来的口号是"影视为表，旅游为里，文化为魂"，影视IP源源不断为旅游提供新鲜的文化元素，使旅游产品拥有深厚基础。目前横店已成立文创公司，专门负责影视IP延伸出的文创产品。

（1）剧中人系列

横店影视城文创公司以一批拍摄于此的经典影视剧中的人物形象或道具为设计模型的"剧中人系列"产品，包括芈月抱枕、碧瑶书签、半妖耳朵杯、青云志充电宝、琅琊榜手机壳、花千骨骨哨U盘，等等。

（2）"印象横店"系列

横店影视城的各大景区标志性建筑或经典演艺秀通过艺术加工设计而成，有些物件还配上"紫禁城巅，帝王之家""金戈铁马，君临天下""步入画中，梦回千年""小隐于野，福地洞天"等文字，更显格调；也有将几个景点组合构成，画面更丰富，色彩也更时尚活泼。

横店的核心内容是影视，将影视文化通过创意的方式融入生活中，即影视生活化。对于中国影视文化的产业、文创的开发来讲目前集中在前端，即影片或者电视剧的部分，远没有形成产业链。影视IP是一种时效IP，过3个月以后淡出大众视野，影响力逐渐消亡，没有持续开发和优化内容，更谈不上商业的转化，这是中国影视IP开发的现状。与中国动漫、游戏等IP开发对比应该说是落在后面，还没有达到像迪士尼、漫威这样的长效IP或者远没有达到超级IP的概念。

横店IP未来的发展方向是尝试打造以影视为圆心的IP产业链，通过横店影视城这个影视平台拍摄产生的内容，实现内容的整合与创新，再加上自有IP培育与打造。具体的推进策略分为三个阶段：

第一阶段，依托景区二次消费和旅游产品的升级，用影视剧的形象与景区二消相结合。轻 IP+ 商业落地，即现有景区主题的发展 + 景区文化提炼 + 不做重，先做轻，先做尝试。这样形成景区商业的一些差异化，摸索形成横店 IP 商业孵化的模式。

第二阶段，IP+景区孵化。将属于自己景区本身特有的核心 IP 文化提炼出来，通过 IP 形象凸显景区核心的文化，再辅助景区旅游产品的升级。

第三阶段，启动超级 IP 培育计划。这个超级 IP 代表整个影视城，形成影视文化 IP 的一个大平台。

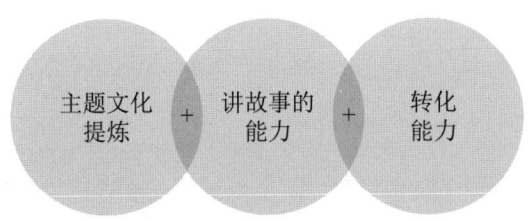

图 6-20　塑造影视 IP 三部曲

横店近年来的文创发展分为三个阶段。

第一阶段，开发商品，主要解决有无商品的问题，重点做单商品的开发，因为单商品的开发成本比较低，库存可控。这一阶段主要测试这个商品（载体）好不好，测试这个 IP 或元素大家认不认可。

第二阶段，商业空间的打造阶段，商品主题化、成系列化，打造整体的商业空间，形成商业空间品牌。

第三阶段，重点是打造 IP 体系，形成自有 IP 池。

**4. 哈利·波特公园：影视 IP 的魔法世界**

关于 IP 的实景娱乐不仅仅是有 IP 和土地就够了，更重要的是 IP 转换到线下的二次开发，而 IP 的线下二次开发也正是行业中普遍面临的痛点。消费者对于 IP 实景娱乐的需求从早期的 IP 形象陈列，到中期的 IP 与设备的结合，已经渐渐升级到了 IP 的沉浸式体验。所以，如何在线下让消费者感受到置身于 IP 世界中，将成为未来决定 IP 实景娱乐的重要因素之一。

哈利·波特主题公园是以《哈利·波特》系列小说为蓝本创建的、重现魔法世界的一座公园,这个魔法世界作为环球影城冒险岛主题乐园的一部分,位于奥兰多环球影城度假村,已于2010年6月18日开放。

哈利·波特魔法世界之所以深受游客喜爱并且被哈利迷们认可,在场景的设计完美复刻电影和J.K.罗琳描绘的世界上,主要做到了以下三点:

(1)深化IP场景设计,再现原著细节

对角巷是哈利·波特第一次接触到的魔法世界,对角巷里的每一家店铺和电影都一模一样:猫头鹰邮局、预言家日报社、摩金夫人长袍专卖店等。场景的每个细节都做到常识性的逼真。

9又3/4站台也是逼真的设计。国王十字车站的布景完全按照伦敦车站的真实场景布置。场景设计师通过视线角度和镜面反射的原理来实现书中9又3/4车站消失的人影。

(2)骑乘+故事+高科技,真实还原IP

目前市面上的爆款项目大多都是骑乘项目,毫无疑问,哈利·波特魔法世界也是以几个骑乘项目为核心。骑乘本身并不惊人,吸引人的关键是如何运用故事性和高科技的手段来使几分钟的骑乘成为一个主题性极强的旅程。

以哈利·波特魔法世界的骑乘项目"海格的魔法摩托车冒险之旅"为例。这是环球影城宣称的有史以来最具主题性的过山车,可以说这就是一个根据故事节奏来的过山车。

游客作为海格教授的学生,坐在"摩托车"造型的座位上,跟随海格深入禁林见识各种罕见的怪兽,其中有些怪兽是设计师根据书中描述但并未在电影中出现过的形象。在骑乘的过程中,骑行的速度会根据故事的发展顺序而变化。在室内空间内,通过一些特效从听觉、视觉、嗅觉等多方面营造一个怪兽森林。

(3)运用特效小型秀,让游客沉浸体验

在奥利凡德魔杖店,有一场全息化体验。为了展示"每一根魔杖都独一无二,但魔杖会选择自己的主人"这一情节,通过演员的表演、与游客的互动以及声音、视觉等特效,成功让游客感受到真的有魔法的存在,进而也成功促进了魔杖的热卖畅销。

　　同时，哈利·波特魔法世界将红外线捕捉技术成功运用到魔杖的施法这一情节中，首创了魔法互动。在哈利·波特魔法世界中，有很多魔杖施法点，只有购买魔杖的游客才能在这里进行互动。园内每一处施法点都排着长长的队伍，队伍中不仅有孩子，还有那些期待奇迹发生的成年人。

图 6-21　哈利·波特魔法世界

## 七、文旅小品，创意无限

### （一）和平古镇：和老爷的寻根之旅

福建和平古镇地处闽西北，建置始于唐朝，是全国罕见的城堡式大村镇。自汉唐至清末，和平古镇都是邵武沟通闽西北和江西的交通枢纽及商品贸易集散地。

黄峭正是和平镇坎头村上井人，他因平乱有功被封为工部尚书，后返回故里创办和平书院，教谕后人矢志求学。黄峭创办和平书院后，宗族办学成为传统，千余年来始终教育发达，文风炽盛，英才不断涌现，宋至清仅进士即有137名。黄峭名人文化、宗族文化无疑是宝贵的旅游资源。

正因如此，挖掘黄峭生平、励志遣子诗、黄氏圈论等文化资源，将黄氏宗族"家文化"通过静态、雕塑、多媒体等多种展示手法来呈现，构建"家文化"，成为和平古镇旅游发展的一个方向。除了黄氏，和平古镇还有张氏、上官氏等名门望族，亦可打造成"世黄""世张"祭祖活动圣地，吸引海内外宗亲返乡，使之成为"家文化"的一部分。

有了这样的思路，和平古镇开始定位为中国家文化度假目的地。整合自然与人文资源，古镇酝酿出"家由心生，万物和平"的理念。以古堡新镇作为和平家文化体验核，形成了"望乡—归乡—伴乡—恋乡—乡创—乡论"的主题体验线索，对接空间形成六大功能区。

其中，最引人注意的，便是"和老爷"幸福一家人的 IP 形象。

**1. "和老爷"连接古镇与年轻一代**

秉持着"家由心生，万物和平"的家和理念，和平古镇塑造了一个 IP 形象群：和老爷和和老爷一家人。设计者找到"黄峭公"原型，并赋予他家长的外形和内涵，用一种轻松、有趣味的方式与消费者沟通，并实现更多文创化表达。

家人欢聚一堂，是和睦、家和之意，和老爷的"和"即由此而来。为人平和不争的和老爷，发型形象鲜明，谦慈和蔼，充满智慧，又是一个热心肠，手执一把"和"折扇；慈爱善良的和夫人，朴实自然，具有古镇的传统气息，总是保持微笑，给人亲切自然的家人感；而凤宝和龙娃，率真可爱，活力青春，代表着摆脱久远和沉重的历史，寓意着新生和融入新时代的活力和热情。一家四口，和和美美。"和老爷"还是个称职的家长。他给你讲故事，陪你学技艺，带你挑宝贝，带你学家礼，带你上学堂。

在这样的古镇，砖瓦谯楼，古风徜徉，历史文化悠久，延绵千年。千年来，将古风遗址保留了下来，又在千年后创造了它自己的形象。通过这样的 IP 塑造方式，让和老爷一家人，带着古韵，伴着家风，出现在古镇的每一个角落。它以趣味、生动的演绎，拉近人们对历史人物的距离感，并作为载体，与年轻人群建立和平古镇的情感连接。

和平古镇建置始于唐朝，是福建省历史最悠久的古镇之一，也是一处全国罕见的城堡式大村镇，拥有众多的宗族祠堂和家庙，其中有黄、李、廖三姓氏的 5 座"大夫第"，以及岐山公祠、赵氏宗祠、廖氏宗祠、丁氏家庙等。其中，以黄峭及黄氏家族为核心的"家"文化是和平镇历史文化的重要内容。据统计，全球 4000 万黄氏后裔中，有一半黄氏后裔起源在和平。寻根文化是中国传统文化中的重要组成部分，通过梳理和平镇的历史，提出了"家由心生，万物和平"的家文化理念，并以此为突破口，进行古镇品牌的打造。

在挖掘文化资源，提出"家文化"概念后，如何赋予文化以传播载体，和平镇把目光投向了文创。

和平古镇通过打造文化的延伸产品，以文创作为载体，更利于文化传播。同时，文创产品推出去以后，也是对和平古镇品牌的一种宣传。和平古镇联合上海鲸鱼文创设计团队为和平镇设计出"和老爷"一家四口 IP 形象，并注册"和心合意"系列商标。同时，针对商标内涵设计出以和平镇"家"文化为核心的全套文创产品。

"和平古镇"文创大系产品是以和平古镇特色元素为代表的泛武夷山区域文创设计和国内前沿品质智造的结合，有"飞黄腾达""和平四景""遣子诗"等

14个系列，超过10种大类的产品。这些文创产品的主要市场目标是90后群体，通过年轻人热爱的文创产品吸引他们对和平镇的关注，认识和平镇，走进和平镇，让古镇真正活起来。

目前，围绕"家文化"这一主题，和平镇正在打造文化创意街区展示体验项目，共改造粮仓6幢、新建6幢，拥有和平时光体验馆、非遗活态体验馆、文创生活体验馆等5大场馆，总投资超过1亿元。建设文创展示体验街区，通过沉浸式、互动式体验，让游客看到和平镇，感知到和平镇。

**2. 文创空间，加速创意产业聚集**

以近日举行的南平市第二届旅游产业发展大会为契机，文创化的和平古镇开始整体亮相，其中，和平古镇文创街区展示体验项目也应运而生。

和平镇镇长介绍，和平古镇文化提升项目总投资1亿元，其中文创街区项目依托和平古镇原粮仓区域进行创意改造开发，共改造粮仓6幢、新建6幢。通过"和老爷带你回家"的旅游体验动线布置，完整呈现5大文旅空间和全套文创产品，形成和平古镇全体系旅游文创街区。

文化创意项目的5个体验馆，主要是以创新、现代化、多媒体和互动的形式活化古镇文化，包括和平时光体验馆、非遗活态体验馆、文创生活体验馆、家风理学体验馆、旧事家塾体验馆等。

同时文创街区展示体验项目，属于和平古镇文化创意产业园的一部分，参照北京"798"文化创意产业园的设计理念，将建设7大功能区。在古镇的规划里，园区被定位为影视拍摄基地、摄影基地、写生基地，以吸引更多文化企业入驻园区。

当地正在充分利用和平古镇等文化创意产业园区，搭建创意设计产业的孵化平台和公共技术服务云平台，引进文化创意含量高、有一定规模的企业入驻，吸引其他相关的配套产业，构成有特色的园区产业链网络以带动整个园区的发展。

**（二）华山文创：华山群雄再论剑**

与文物藏品丰富的博物馆开发文创产品不同，以华山为代表的山岳自然类景区在进行文创开发时,面临着文化符号不具象、文化IP不集中等困境。在文旅融合等利好背景下,华山利用"人设再造"等理念,挖掘自身独特的武侠内涵,为经典武侠人物进行现代IP包装,拉近与现代消费群体的心理距离。

**1. 利用人设再造,创造IP角色**

随着新一波"上新",华山脚下的文创店内,绸缎庄老板"东方不卖"、华山镇小镇神秘老者"风清羊"、菜场小贩"令狐葱"、珍宝阁老板的宝贝闺女"月灵珊"等造型略萌的"华山吾侠"成为华山新的代名词。

在这四大IP中,以"华山论剑"闻名的武侠文化是华山享誉世界的文化符号。在金庸笔下波澜壮阔的武林世界里,快意恩仇的江湖豪情在华山上演,风清扬、令狐冲、岳灵珊等武侠人物在华山之巅论剑切磋,为华山打上了深深的武侠烙印。

针对经典武侠人物的打造,华山文创重点注入了人设再造的理念。随着受众观念、理念的转变,文化在形态和表现方式上发生了巨大的变化,华山抓住受众对经典武侠文化的喜爱,让严肃内容进行年轻化的表达,让经典的武侠人物不变的是精神灵魂,改变的是"人设外衣"。

在华山打造的"吾侠"IP中,药店掌柜、绸缎庄老板、无名老者都怀揣着与众不同的武侠梦,在华山脚下的"吾侠小镇"里上演着一幕幕趣味横生的江湖故事,让游客忍不住要加入他们,开启一段属于自己的武侠之旅。

文创店内的"吾侠"之一"令狐葱",还是那个光明磊落、率性而为、豪放不羁的侠义人物,但设计者利用人设再造转换成现代的表达方式,让菜场小贩令狐葱身上多了现代元素,在碰见周围人还在考虑倒地老人"扶不扶"的时候,行侠仗义的他肯定会挺身而出!

**2. 挖掘文化基因,构建IP主题**

关于对"文创"的理解,"文化是神,主体是产品,创意是升华"。之前的旅游产品缺乏创意,而这正是未来文创产品需要发掘的亮点。挖掘载体亮点,对所承载的文化进行活化,这是文创产品最需要下功夫之处。

区别于博物馆文创,以自然风景为卖点的山岳自然景区,在开发文化创意产品时会碰见文化不具象等问题，但华山依托自身和当地的文化元素，却逐步探索出一条文创领域的"华山路"。华山不是完全的自然文化景区，作为五岳之一它还拥有历史文化、武侠文化、神话传说，更可贵的是，像本地的华阴老腔、剪纸、皮影，都是华山文化的组成部分。华山本身已经沉淀了如此丰富的文化元素，这些都可以提炼，将其转化为文创产品。

为了找准华山具有商业开发价值的品牌IP，在经过周密的调研后，华山文创确定了自然风貌、摩崖石刻、武侠人物三大文化IP主题。

作为以"奇险"著称的华山，怎样让游客把奇险华山带回家，是华山在打磨文创产品时重点研究的一个问题。华山的核心是险，而险代表的是一种无惧无畏的态度。为了提炼华山的奇险特性，华山文创通过创意手绘、建模塑性等手法，将奇险糅合到文创产品中。文创团队遴选出13处风景点，利用人物漫画的形式，提供给游客趣味拍照姿势，每一处独一无二的华山奇险风景，都有最为般配的拍照姿势，最终开发出登山13式系列明信片。

除了创意手绘，华山还开发了一款"英雄杯"，作为华山文创的主打产品。每一个英雄杯都采用纯手工打造，尤其是把茶倒进杯中，底部华山五峰的山形纹理格外清晰，如同将华山捧在手上。杯子里的华山形制都是由人工吹制而成，淘汰率高达90%，就是为了最好的品质让每一位游客带回家。

**3. 受众认知转化，推动IP销售**

近年华山景区热度颇高，登山人数逐年增加，但是华山文创产品的销售量并没有随着登山人数的增加而成几何式增长。面对这样的现状，华山目前正在研究如何把受众对华山自然景观的认知，转化到对华山文创IP的认知上。因为，华山不仅具有相当知名度，而且具有IP独特性。

这种情况直接体现在文创产品的售卖上，与华山直接相关的，例如：摩崖石刻冰箱贴等产品，反而比U形枕、吾侠毛巾斗篷等进行文化二次开发的产品销量要好。

为了对文创产品进行再次提升，华山文创在西安组建了自己的设计团队，将围绕华山自然风光和摩崖石刻为主体，结合渭南本地的特色工艺，让每款文创产品都镌刻上"华山制造"的印记。

很多人在谈到文创时喜欢把文化和科技结合在一起，但是科技的创新和原始手工不能比，唯有凝聚匠人情感的手工工艺的科技化才是文创行业未来应该探索的方向。

**4. 做文创产品，需要创意心态**

文创产品与一般商品应划为不同的门类，像牙膏、毛巾这样的一般商品，人们在购买的时候更注重的是它的实用性。当文化注入产品里的时候，产品就有了另外的意义。所以我们需要用文化创意心态，而不是做商品的心态去开发文创产品。一件产品在市场得到消费者的认可，需要考虑营销、销售渠道等多方面的因素。"看得到才卖得掉"是产品销售的一般性原则。目前，国内市场上的文创产品都面临着如何拓展市场、如何找到恰当的合作销售渠道等问题。像华山文创这样的运营公司更重视的是市场接受度。产品即使获得过很多大奖，但市场不接受，那就没有意义。

为了解决销售渠道问题，华山文创曾进行过不少尝试。开发出有文化、低成本、生活化的产品，进入日常销售领域是文创努力和尝试的方向。如今，国内文创的热度居高不下，据调研，华山文创在今后的发展中，将继续聚焦华山当地特色文化资源，把需求与产品巧妙结合起来，做实用性强的文创产品，做出游客一直想买却买不到的独到文创产品。

## （三）木兰有礼：木兰这厢有礼了

武汉木兰文旅投公司携手国内顶级规划设计、落地运营公司，依托黄陂丰富的旅游资源，围绕木兰文化、盘龙文化、二程文化、黎黄陂首义文化四大文化名片，补齐旅游购物短板，结合乡村振兴战略，创建、打造体现"地域特点、特色文化、城镇风貌"的"木兰有礼"旅游商品公共品牌。

木兰有礼 LOGO 和 IP 形象"木兰有礼"项目由木兰文创公司负责主体投资运营，项目以发掘、弘扬黄陂四大文化名片为核心，提炼文化精髓 IP，依托消费场景、区域资源、文化特色，借助互联网爆品的思维，聚焦"名特优"资源，开发、设计引爆市场的一系列"木兰有礼"旅游衍生商品，研发"木兰有礼"八大主题系列 300 款以上产品，主打产品为地标农产品、非遗产品和文创商品。布局设置"木兰有礼"特色商品旗舰店、品牌展示店、景区合营店 20 余个，联合卖货郎等电商平台实现线上线下同步销售。

"木兰有礼"黄陂车站旗舰店历时半年，项目顺利推进，截止到 2018 年 4 月已成功在木兰花乡景区和黄陂客运中心开设两家特色形象展示门店并开展试营业。

"木兰有礼"作为黄陂旅游特色商品公共品牌与研发设计销售平台，以木兰文化 IP 为核心，整合黄陂当地的文化、旅游、物产、非遗等资源，巧妙地打上了"木兰有礼"的深深烙印，构建了景秀木兰、鲜香木兰、星耀黄陂、手艺木兰、趣话黄陂、节庆黄陂、宗教木兰、红色黄陂八大主题系列旅游商品体系格局，独具匠心地设计落地了黄陂旅游文创商品、旅游热卖品、非遗产品、土特产等 300 余款旅游原创商品，利用"新零售 + 文化创意"的方式打造黄陂旅游新名片，充分展示了黄陂人文情怀。

## 八、实景演绎，不虚此行

### （一）文旅演艺概述

#### 1. 文旅演艺的概念

文旅演艺是旅游目的地为吸引游客，以多种多样的演出形式，以表现该地区历史文化或民俗风情为主要内容，以异地观众为主要欣赏者的表演、演出活动。所谓"异地观众"隐含着两层意思：一是节目到异地演出，观赏者虽然在自己的常住地观看，但相对节目的产出地仍然是异地观众；二是节目在本地演出，但观众是来自异地的旅游者。

#### 2. 文旅演艺的分类

国内文旅演艺主要依据演出场所进行分类。按照文旅演艺演出场所的类型可以分为主题公园演出、实景旅游演出和独立剧场演出。

表 6-7 文旅演艺类型及代表项目

| 文旅演艺类型 | 代表项目 |
| --- | --- |
| 主题公园演出 | 《宋城千古情》<br>《大宋·东京梦华》<br>《狮子王》 |
| 实景旅游演出 | 《印象·刘三姐》<br>《长恨歌》<br>《天门狐仙·新刘海砍樵》 |
| 独立剧场演出 | 《云南映像》<br>《又见平遥》<br>《时空之旅》 |

主题公园演出主要是在主题公园内打造演出项目,以表现主题公园的主题为内容,只在主题公园内演出的各种演艺。如杭州《宋城千古情》、开封《大宋·东京梦华》、上海迪士尼《狮子王》等。

实景旅游演出突破传统舞台演出的空间局限,把旅游目的地真实的自然环境转变成巨型演出舞台,把当地居民和居民的日常生活、风土人情、风俗习惯等转化成艺术素材,具有独一性和不可复制性。如桂林《印象·刘三姐》、西安《长恨歌》、张家界《天门狐仙·新刘海砍樵》等。

独立剧场演出是在旅游目的地的专业剧场和演艺餐厅、茶馆内针对旅游人群所打造的旅游演出产品,以展示当地文化特色的歌舞、戏剧、曲艺、杂技等演出形式为主。如昆明《云南映像》、平遥《又见平遥》、上海《时空之旅》等。

### (二)我国文旅演艺现状

**1. 行业总体规模呈稳步上升趋势**

2017 年我国文旅演艺剧目共有 268 台,较 2016 年增长 5.5%;场次达到 85 753 场,同比增长 19.0%。

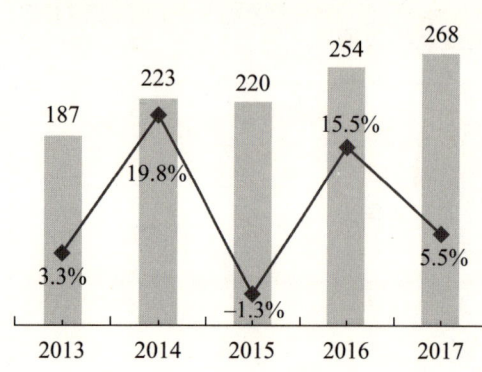
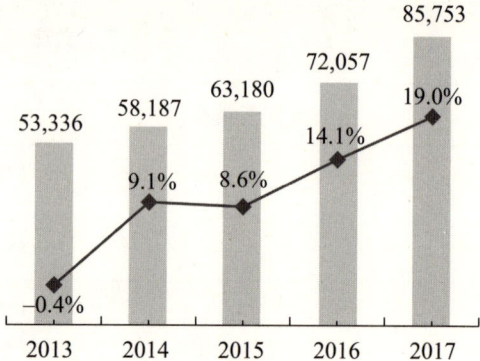

图 6-22　2013—2017 年国内旅游演艺数量变化

2017 年文旅演艺观众人次增长较快，增长比例 26.5%，达到 6821.2 万人次。其中，主题公园演出同比 2016 年增加 1305.5 万人次，占新增观众人数将近 91.3%。近 5 年，文旅演艺市场持续走高，2017 年文旅演艺票房收入为 51.46 亿元，较 2016 年增加 8.43 亿元，增长比例为 19.6%。其中，《宋城千古情》《三湘印象》产品演出票房增加 5 亿多元，为票房增长贡献了 62.4%。

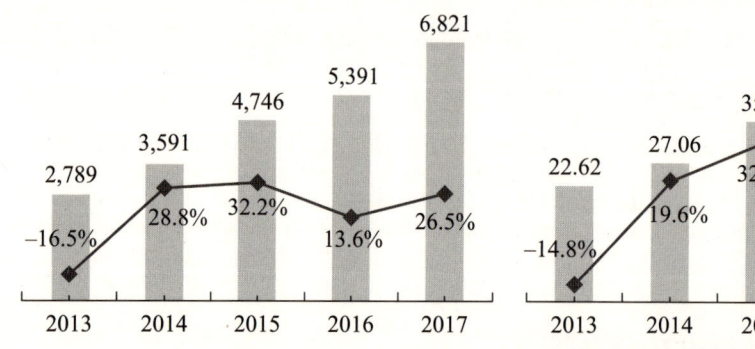

图 6-23　2013—2017 年国内旅游演艺观众与票房变化

**2. 全国文旅演艺区域分布情况**

中国文旅演艺市场已形成长江三角洲、珠江三角洲和西南地区三大演艺圈。

2017年华东地区文旅演艺票房收入为16.13亿元，票房占比31.4%，接近全国文旅演艺票房的1/3，华南、西南紧随其后，票房收入分别达到9.76亿元和8.70亿元。

2017年文旅演艺票房收入超过亿元的城市共有16个，总计36.56亿元，占总体票房的71.0%。收入过亿城市以南方旅游城市为主，其中杭州是文旅演艺票房收入最高的城市，占文旅演艺总体票房的18.4%。

### 3. 文旅演艺细分类型发展情况

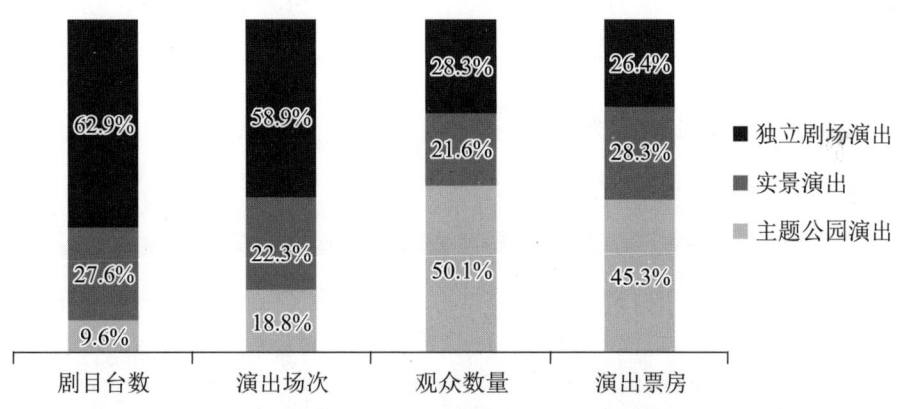

图 6-24　2017年中国旅游演艺细分类型比例

（1）主题公园演出发展强劲，以10%台数贡献45%票房

2017年主题公园演出剧目数量有26台，仅占总体台数的9.6%，而票房收入却占到总体票房的45.3%。

（2）独立剧场演出票房增长28%，超13亿元，优秀项目吸金明显

独立剧场演出票房达到14亿元，增长28%，创历年新高。2017年票房收入13.57亿元，同比增长28.0%；演出场次达到50 527场，观众数量为1931.3万人次。

78%的独立剧场演出票房低于文旅演艺总体票房的平均值。独立剧场演出剧目为171台，单台剧目平均票房为793.9万元，相较2016年同比增长13.4%。独立剧场演出78.4%的剧目票房低于独立剧场演出平均票房，20.5%的剧目票房收入在100万元以下。

### （3）实景演出票房增长 17%，突破 14 亿元，突破前两年票房天花板

实景演出票房增势喜人，全年达到 14.59 亿元。全国实景文旅演艺票房突破 14 亿元，2017 年同比增长 16.7%；演出 19 141 场，接待观众 1472.8 万人次。

实景演出平均票房上升 4.2%，头牌剧目盈利能力优秀。实景演出剧目共 75 台，代表性剧目主要有《印象·刘三姐》《长恨歌》《印象·丽江》《文成公主》《印象·大红袍》等，单台剧目的平均票房约 1944.8 万元。其中，约 80.0% 的剧目票房低于实景演出平均票房，66.7% 的剧目票房收入在 1000 万元以下。

## （三）文旅演艺市场扫描

### 1. 文旅演艺发展上的不平衡

中国文旅演艺市场发展不平衡，具体体现在三个方面。一是时间不平衡。早期优先发展起来的文旅演艺产品知名度很大，运营模式经过时间磨合已经成熟、规范化，旅行社等销售渠道也经常联合销售推广。后来发展起来的文旅演艺产品虽然可以直接复制成功项目的运营经验，但是知名度很难与前者竞争，没能达到先发展起来的带动后来者发展的目的。二是地区不平衡。受到南方气候因素和人口分布因素双重影响，大规模、大投入的大型文旅演艺产品相继分布在南方旅游目的地和城市，并且集中在南方部分热门旅游城市激烈竞争市场份额。而北方大型文旅演艺产品稀缺，只分布在几个北方中心城市。除此以外，二线以下拥有 5A 级景区资源城市开发大型文旅演艺产品屈指可数。三是产品不平衡。首先少数旅游目的地的文旅演艺率先实现了沉浸技术升级，内容也针对沉浸特点进行了改造，而其他大多数地区基本停留在传统舞台文旅演艺演出阶段，技术、内容都十分陈旧。其次部分已有文旅演艺城市大规模、大投入的大型文旅演艺产品仍在不断开发，扎堆竞争，而其他城市难以见到一部制作优良的优秀文旅演艺产品。

### 2. 项目制作盲目追求大投入

中国文旅演艺市场另一大特色就是大投入、大规模的大型文旅演艺项目主导市场，政策和资源都偏向这类大型文旅演艺项目，主要是因为大型文旅演艺

项目能为当地树立招牌带来吸引力。然而大型文旅演艺项目投入大，回本周期长，风险高，不利于文旅演艺市场持续发展，宋城演艺的《泰山千古情》、山水盛典的《天下·情山》、三湘印象的《印象·刘三姐》的破产就说明了大型文旅演艺项目的不足。小型文旅演艺项目找投资难，政策不照顾，市场推广难，都为市场健康发展埋下了极大隐患。

**3. 消费升级倒逼演艺改革**

早期文旅演艺尚未发展起来时期，游客平均出游不到 1 次，较少看过文旅演艺产品，初次观看受视觉冲击力影响较大，对内容要求不高。于是文旅演艺为了争夺这类游客，注重灯光特效、庞大演出团队、惊奇表演技术，给观众带来震撼的视觉冲击力，对于内容则尽量简化，追求最快产生效益，吸引首批观众十分有效果。但在散客化时代，大多数游客平均出游超过 3 次，对于感官刺激需求已经退位让给文化精神需求，散客平均教育水平要高于团客，对文化内容的要求也比团客高，而这些文旅演艺在内容上大多数不是重复、千篇一律就是过于艰深难懂，结果无法吸引这些散客。

**4. 销售渠道过度依赖线下**

中国文旅演艺产品的推广渠道严重依赖旅行社的销售，各自的线上平台都没有适应移动互联网时代的移动互联特性，只有几个知名文旅演艺开通了网上销售平台，大多数仍然在线下销售，不仅仅线下销售依赖旅行社、地接社拉客，门店也依附于各大旅游景区售票处，对于散客极为不重视。这在移动互联网时代是极其严重的落后与延误商机，也间接影响了散客对文旅演艺产品的购买意向。

**5. 文旅演艺知名 IP 仍显稀缺**

对于年轻的中国旅游市场，文旅演艺产品尚处于发展阶段，市场上只有宋城演艺的千古情系列 IP，三湘印象的印象、又见、最忆、归来系列 IP，华夏文旅的传奇系列 IP，知名度为观众所熟悉，其他如山水盛典系列 IP、欢乐盛典的丝绸之路盛典系列 IP、杨丽萍的云南系列 IP 产品分散，没有高度统一的品牌标识。在主题公园中各类文旅演艺 IP 也无法自成体系复制到别处，如迪士尼游乐园的《狮子王》、华侨城欢乐谷的《金面王朝》、长隆马戏城的《秘境奇技》等。IP 的建设缺乏影响到文旅演艺产品线的扩张，反过来也导致文旅演艺产品只能在本地发展，很难走出本地向全国扩张。

### （四）案例解析

#### 1.《宋城千古情》：宋代风华现代演绎

宋城景区位于西湖风景区内，是杭州第一个主题公园，蕴含了浓厚的两宋文化。景区采用浪漫主义、现实主义以及功能主义相结合的方式进行造园设计，不仅以静态的园林设计还原了人们对两宋文化的窥探，还以动态演绎重现了优美的传统文化。《宋城千古情》是宋城景区最著名的舞台节目，通过结合现代舞台技术，运用光影以及演员精湛的表演，将古人生活的艰辛、岳家军的悲壮、宋朝的辉煌、梁祝的凄美以及白蛇、许仙的情思表现得淋漓尽致，为宋城景区赢得了较大的经济收益，也促进了杭州旅游业的发展。

图 6-25 宋城演艺舞台效果

《宋城千古情》年演出 1300 余场,旺季每天演出 10 场,推出十余年来已累计演出 16 000 余场,接待观众 4800 余万人次,是目前世界上年演出场次和观众最多的剧场演出,与拉斯维加斯的"O"秀、巴黎红磨坊并称"世界三大名秀"。

自 2013 年 1 月 1 日起,宋城景区实行景区入园和《宋城千古情》一票制票价体系,景区入园观演普通票价统一调整为 280 元 / 人,提价幅度为 20 元 / 人。由于宋城景区的游客主要是团队游客,如 2014 年上半年游客中 75% 是团队游客,而团队游客基本都观看演出,剩余的散客中 50% 左右的游客也都购买联票。实行一票制后,以 2014 年春节假期为例,散客流失非常少,宋城收入增长了 40%,人次增长了 15% 左右。且一票制之后几乎全部游客都观看了演出,观演比例从同期的 70.55% 大幅提高至 99.99%。

### 2.《狮子王》:辛巴的热血传奇

《狮子王》音乐剧 1997 年在纽约首演,是音乐剧历史上耗资最大的一部演出,19 年来长盛不衰,成为百老汇特殊的文化现象,共计有 9 种语言(英语、日语、德语、韩语、法语、荷兰语、西班牙语、葡萄牙语、中文普通话)的 24 个不同制作版本。其中有 8 个版本目前正在全球同步上演。曾在除南极洲以外的 6 大洲、20 个国家上演,观众超过 8500 万人次,截止到 2019 年 9 月,其全球累积票房达到了 72 亿美元,是目前百老汇历史上票房最高的剧目,比电影史上最卖座的电影还赚钱。全世界《狮子王》直接雇用的演职人员超过 1100 人。剧中台词 Hakuna Matata("无忧无虑"的意思)在全世界共说了 45 万次(平均每场演出要说 25 次)。

2016 年 6 月 14 日,随着上海迪士尼乐园的开幕,中文版音乐剧《狮子王》也开始了自己作为迪士尼小镇常驻剧目的演出。

中文版《狮子王》除了尽可能保持百老汇经典风格体验外,还做了更贴近中国观念的改编。音乐部分编排进了中国流行乐以及传统京剧元素,剧情上则加入了更符合中国观众习惯的日常片段。中文版团队花了两年时间,在中国及亚非十多个城市选出 50 余名演员,其中 10 位来自南非。除了语言本土化的处理,中文版的舞美和服装设计与海外版都没有差别。《狮子王》呈现的是一个完整的动物王国，如何在舞台上展现万兽群奔，曾是导演茱莉遭遇的最大挑战。茱莉不想把演员藏在面具之后，更不想让他们躲在繁冗的道具服里，于是开创出一种"双重呈现"（double event）的表演形式——演员头戴动物面具，同时露出面部表情，当他们站立时，观众看到的是"拟人化"的动物；当他们弯腰，面具前倾时，瞬时又变成非洲大草原上野性外露的动物——这些面具最重的不过310克，并不妨碍演员表演。还有些动物形象，要通过木偶来表现。演员和木偶之间有钢索相连，通过肢体动作，便可操控木偶的一举一动。

### 3.《天门狐仙》：人狐情未了

《天门狐仙·新刘海砍樵》是世界首台有完整故事情节的山水实景音乐歌舞剧。故事取材于湖南传统花鼓戏IP《刘海砍樵》。修炼千年的白狐仙爱上了贫穷、快乐的樵夫刘海，两人在张家界天门山不期而遇，一段感天动地的人狐之恋就此开始。天门狐仙的故事共分为五幕，一是狐王选妃。身着盛装的少女们走上歌台，簇拥着一位土家族老人，开始讲述千年前的那个感人故事。山崖上的狐狸王国中，狐王在选新王后，妖艳的狐狸们争相献媚。硕大的明月升起，月影中的白狐狸打动了狐王。他取下权杖上的宝珠送给白狐，要在3天后大摆婚宴，而已修炼成仙的白狐却并不热衷狐王的财富与权势。二是仙山奇遇。黎明，土家山寨炊烟袅袅，山民、少女、猎人和樵夫都忙碌起来，一群群狐狸也在人们离去后跑到山寨边嬉戏。站在山崖上的白狐仙被平凡、快乐的人间生活深深吸引，不知不觉走近了山寨，遭到猎人的追赶。樵夫刘海挺身相救，放走了惊慌失措的白狐仙，被猎人们痛骂。白狐仙却对善良、勇敢的刘海心生爱慕，并在梦中与刘海结拜夫妻。三是月夜相思。孤独的刘海回到家中，却发现自己那凌乱的小屋正被一双无形的手打扫着：饭做好了，衣服洗好了。深受感动的刘海将一块红盖头抛向了月影中的美丽白狐。四是背叛旋风。狐狸王国中，狐王下令囚禁了白狐仙。人间世界里，村民们抓住刘海，要杀死追魂索命的狐狸精，走投无路的白狐仙跑上断崖，与刘海隔山相望，直到千年万年。五是千年守望。时光荏苒，沧海桑田。漫天大雪中，刘海和白狐仙真挚的爱情终于感动天地，他们在山岩化作的天桥上紧紧拥抱，有情人终成眷属。

《天门狐仙》首次引进顶级魔术团队创意和特效制作，与世界著名魔术师科波菲尔旗下顶级魔术团队合作，重金打造大型舞台魔幻秀，创造中国山水实景演出与大型幻术表演结合的新思维。通过科学的物理催眠手法和注意力转移，将电影中才有的幻术表达和特效设计完美地呈现在《天门狐仙》实景演出中，让观众领略大大超出传统近景魔术的神奇和不可思议的视觉震撼。

《天门狐仙》山水实景演出作为一个大实体平台，集文化、科技、资本、企业于一体，经过《天门狐仙》团队多年的精心打造与淬炼，目前5A级天门山景区已形成"白游天门仙山，夜观天门狐仙"的"平台+体验"式旅游格局。同时这种商业模式中的平台共享、体验营销已经成为人们消费转变的重要因素。《天门狐仙》未经问世之前，了解经典"刘海砍樵"只能通过购买书籍、观看影视资料的方式获取，缺乏一个很好的平台让消费者对这个故事有身临其境的体验，而《天门狐仙》山水实景演出的出现，满足了消费者的体验需求，《天门狐仙》剧中使用了大量机械、魔术及特效，营造出一幕幕令人惊异的奇幻场景，让观众瞠目结舌、匪夷所思，达到视觉、听觉和心灵的三重立体化享受，从而使得文化产品形成了体验式营销，推动了传统文化消费方式的转变。

就5A级天门山景区来说，通过《天门狐仙》的打造，更加突出天门仙山的神秘感，游客在游览完天门仙山后还能从另一个层面感受仙山的魅力，增强了天门山景区的吸引力，延长了天门山景区游览时长，其中2016年天门山景区共接待旅游人数376.85万人，公司收入达8.04亿元，上缴税费2.1亿元。《天门狐仙》项目的建成，促进周边基础设施的提质升级，给当地老百姓带来了便捷，促进了当地第三产业发展，服务业收入大幅提升，旅游扶贫成效显著。天门山及《天门狐仙》共带动关联产业就业达6万人，传导影响社会劳动力就业7.2万人。以旅游为主的第三产业已占永定区GDP比重的61.3%，为当地财政收入作出巨大贡献。

据统计，张家界的境外游客约90%观看过《天门狐仙·新刘海砍樵》。在过去10年，来自世界50多个国家的500多万人与这部戏拥有奇妙的缘分。无数的观众，为之感动、落泪、惊叹，仿佛渐渐逝去的青春和激情瞬间重现——因为爱情，总是让人幸福和喜悦，好像一切都是年轻时。《天门狐仙·新刘海砍樵》在业内外赢得了众多赞誉,作为湖南省文化建设与旅游发展融合的"样本",这部作品获得了国家文化和旅游部的高度评价。早在2010年首届中国国际文化旅游节上,《天门狐仙·新刘海砍樵》便一举荣获国家"文化旅游贡献奖""影响中国文化旅游的一部旅游演出"金奖。

### 4. 知音号:江城旧梦遇知音

武汉是中国开埠最早的城市之一,大汉口在20世纪与大上海齐名,是中国近现代开放历程的见证者。为此,武汉市于2017年专门打造了一艘仿古轮船——"知音号","知音号"是长江上第一艘仿古轮船,以20世纪初汉口民生公司的"江华轮"为原型,打造了一条20世纪20—30年代风格的蒸汽游轮,并复建一座汉口老码头,船和码头即剧场,演出以在长江上漂移的方式进行,"知音号"就是这段历史最具年代感的"解说员"和武汉城市旅游文化的名片。船剧同名的"知音号",IP取意源于大武汉"知音之城"的历史和武汉人海纳世界的情怀。

**图 6-26 "知音号"**

"知音号"于2015年9月开工建设,目前是中国内河唯一的演艺主题船舶。这样一条华丽、复古的蒸汽游轮,自它停泊在武汉市汉口江滩的芦花深处时起,就吸引了无数人的目光。"知音号"以知音文化为灵魂,以大汉口长江文化为背景,重现了20世纪二三十年代大武汉的生活图景。船身由厚重的黑色打底,三层船舱是老照片一样的淡黄色,原木的地板、圆圆的舷窗、近百间客房、走廊、灯光、桌椅、床榻甚至门把手等所有道具,均是精心打造的仿古造型。

如今,"知音号"从老码头出发,一路串联起武汉的地标性地点,最终于新码头靠岸,恰是一段穿越城市与时光的旅程。"知音号"还正在尝试把知音文化从水面向地面延伸,意在打通武汉的文化经脉,通过地面特色观光车串联,黄鹤楼、武汉港的码头、武汉江岸区的历史风貌区、吉庆街、中山大道会形成全域文化呈现,用"知音礼遇"标准定制的特色餐饮点、购物点、酒店客房、休闲酒吧、博物馆等,形成武汉独有的文化风景和城市的精气神。

作为在长江上移动的"年代主题公园","知音号"不仅能成为高端婚礼、高端商务Party、明星见面会的最佳场地,还能成为亲子互动沙龙和民国风情婚纱照拍摄基地,打造出长江上最具特色的社交新空间。

历史烟云间,这里有"黄鹤楼中吹玉笛"的悠扬,有"唯见长江天际流"的慨叹,有"大江东去浪淘尽"的雄浑,有"烟波江上使人愁"的怅惘,更有"万里长江横渡,极目楚天舒"的豪情。

图6-27 知音号内部

"知音号"不仅是一个可以亲身体验百年前武汉风情的大型剧场,更是一座唤醒城市记忆的"漂移的博物馆"。不仅船上的每个细节都是浓浓的老武汉怀旧风情,那些展示在房间里的老照片、老邮票、老报纸、老发票等各种老物什,还有贴在墙上的老海报、老广告,都是"知音号"专门从武汉市民手中全城征集而来,背后是这座城市浓浓的人文气息与历史温度。为了营造更加身临其境的"穿越感",在四唯路和五福路之间的汉口江滩上,还有一座专为"知音号"修建的老码头。穿梭卖报的小童、卖哈德门香烟的小贩、提皮箱戴礼帽的绅士、与你擦肩而过的旗袍淑女,叫卖声、喧嚣声,一切都是大汉口在旧时光里的老样子。拿一张旧船票,持一张旧报纸,观众从登船的那一刻起,就走进了一段过往的时光,开始了一段寻找自己的旅程。船从老码头驶出,故事就开始了。

一江,一楼,一剧,一船,一灯,"知音号"所承载的,还有"城市历史文化灵魂"的场景。走进金碧辉煌的一楼舞厅,眼前浮现的场景让人联想起《泰坦尼克号》,但这里的故事不是冰海悲歌,而是发生在风云变幻的民国汉口的故事。汽笛声响,70分钟的时间里,所有船客开始同时体验自己的故事。"知音难觅",是剧中每个人心头永恒的痛楚,寻觅的过程,同样也是唤醒沉睡的记忆与自我的过程。《知音号》在打造两个博物馆:一个是大武汉的城市记忆;一个是人们心中久违的灵魂情感。踏上这艘满载故事的"知音号",人们将融于其中,与表演者共同完成关于城市、人生与爱的碰撞,直击心灵。

《知音号》有座独特的"漂移剧场"。这个剧场是专门打造的一艘20世纪风格的蒸汽游轮与知音码头。为完美呈现演出效果,"知音号"在设计与装修风格上完全仿造20世纪30年代的江上轮船。船上和码头上的灯光、桌椅及上千种道具,绝大部分是按1∶1实物还原的复古物件。

游轮上设置的"城市记忆博物馆",陈列着近百件展品,均是全球征集而来有近百年历史的武汉老物件。知音码头则是长江沿线首个"戏码头",从钢架栈桥到码头上水塔、吊车等设施,都高度还原老式码头风格。

十多个故事取材自武汉城史,在这个华丽的"漂移剧场"里,一个个精心编排的故事赋予它深深的武汉印记。这部大剧取材自20世纪二三十年代的武汉。

游客分别从 A、B、C 入口进入船舱，将看到不同的故事。也许一段短暂的演员对话，背后却是一段感人的事迹。

知音的故事还可以让游客自己来演绎。在《知音号》的船票上，印着一个个不同的房间号码。游客游览到"知音号"3楼时，可以依照号码进入不同房间体验。而另一位陌生的游客，会凭号码和你进入同一间客房。在短暂的几分钟时间里，两个原本陌生的人可以一起聊天、写明信片，也许就凭着这段特殊缘分成为了知音。

《知音号》"一剧三版"触网，首开"云剧场"和 Q 版《知音号》。《知音号》借助"主客共享"的知音理念，整合互联网及传统媒体，打造了全国独有的"一剧三版"和"全程服务"模式。"一剧三版"是指《知音号》正剧、基于互联网概念的"云剧场"，以及白天打造的青少年戏剧实验剧场——Q 版《知音号》，它们使《知音号》走出时间和空间的限制，玩出"晚上演正剧，白天有亲子，网上云剧场"的24小时立体剧场模式，将剧场搬到线上，全球共享。另外，基于互联网的智能导引系统，游客和市民可以慢行或乘坐全国最独特的观光巴士，欣赏两江四岸的每栋老房子、每个景观点；GPS 定位下的"金手指"服务将订酒店、订车、订餐、购物、订导游一键完成。"最重要的是，我们提供的服务产品是达到亲情服务标准的专享定制服务"，项目营运公司负责人透露。据悉，武汉香格里拉大酒店和江城明珠豪生大酒店等已经与该公司达成合作意向，按"知音礼遇"标准提供、配备精细服务体系。

下船后，基于互联网的智能导引系统，游客也可以继续自己的"穿越之旅"。人们或慢行，或乘坐独特的观光巴士，穿行在沿江大道和南京路、青岛路、兰陵路一带庞大的万国建筑群之间。据项目团队介绍，"知音号"游轮不仅可以航行在武汉的两江四岸之间，还可以远赴重庆至上海段长江沿线任何一个城市。依靠长江黄金水道，用一条船的航程，打造长江经济带的文化升级版，加强全流域的文化交流和沟通融合，从而进一步促进区域合作和协调发展。这也是对千年知音文化 IP 的最好诠释。

# 参考文献

1. 黄晓辉，刘玉恒，刘小波. 文旅融合——以诗照亮远方［M］. 北京：中国建筑工业出版社，2019.

2. 洪清华. 旅游，得IP者得天下［M］. 北京：中国旅游出版社，2018.

3. 秦阳. 如何打造超级IP［M］. 北京：机械工业出版社，2016.

4. 吴声. 超级IP：互联网新物种方法论［M］. 北京：中信出版集团，2016.

5. 安妮塔·埃尔伯斯. 爆款：如何打造超级IP［M］. 北京：中信出版社，2016.

6. 戴京京. 超级IP：互联网时代如何打造爆款［M］. 北京：清华大学出版社，2017.

7. 北京大学旅游研究与规划中心. 旅游规划与设计——旅游演艺·影视旅游［M］. 北京：中国建筑工业出版社，2013.

8. 陈琼. 文旅IP——特色小镇IP化运营策略与落地［M］. 北京：经济管理出版社，2018.

9. 中国旅游研究院. 驴妈妈旅游网——中国旅游业创新和IP发展年度报告［M］. 北京：中国旅游出版社，2018.

10. 蒋艳俐，张颖娉，马广龙. 基于地域IP元素的文旅融合型产品设计探究——以姑苏平江图为例［J］. 大众文艺，2020（07）：82-83.

11. 寇佳丽. 海外文旅：IP吸金，品质留人［J］. 经济，2018（17）：38-40.

12. 张娜, 徐童, 葛学峰. 产业融合背景下"旅游+文化 IP"融合路径研究 [J]. 对外经贸, 2019（10）：66-68.

13. 汪仁正. 文旅 IP 的建设路径与价值创造 [J]. 当代农村财经, 2020（02）：29-31.

14. 苏刚. 文化 IP：引领文旅产业高水平发展——以常州青果巷为例 [J]. 江南论坛, 2019（10）：13-15.

15. 秦宗财, 朱蓉. 我国文旅特色小镇 IP 定位研究 [J]. 文化产业研究, 2019（03）：230-243.

16. 吴玉. 互联网时代下旅游文创品牌 IP 开发策略探析 [J]. 滁州学院学报, 2020, 22（01）：65-68.

17. 徐忠明. 华侨城对徐州汉文化旅游 IP 建设的示范作用 [J]. 旅游纵览（下半月）, 2019（07）：141-142.

18. 夏蜀. 旅游 IP 概念探微：范式转换与信息产品 [J]. 人民论坛·学术前沿, 2019（11）：102-111.

19. 张颖娉. 体验经济下的苏州文化创意旅游产品设计研究 [J]. 工业设计, 2019（05）：88-90.

20. 王蕾, 张林, 石天旭. IP 沉浸体验：主题乐园发展新路径 [J]. 出版发行研究, 2019（02）：32-36+14.

21. 陆高峰. 旅游+IP：文化创意旅游的新业态 [J]. 青年记者, 2018（30）：110.

22. 郭湘闽, 杨敏, 彭珂. 基于 IP（知识产权）的文化型特色小镇规划营建方法研究 [J]. 规划师, 2018, 34（01）：16-23.

23. 张胜冰. 文旅深度融合的内在机理、基本模式与产业开发逻辑 [J]. 中国石油大学学报（社会科学版）, 2019, 35（05）：94-99.

24. 易开刚. 文旅 IP 的建设路径与价值创造 [N]. 中国旅游报, 2019-12-10（003）.

25. 洪清华. 文旅部组建将利好超级旅游 IP 诞生 [N]. 中国城市报, 2018-

03-26（016）.

26. 洪清华.旅游IP助力文旅融合 提升产业核心竞争力［N］.中国旅游报，2020-05-21（003）.

27. 龙城琪琪.打造常州旅游IP，推进文旅融合发展［N］.常州日报，2020-04-13（A03）.

28. 吴俊.提升"四度"打造山西强势文旅IP［N］.中国旅游报，2018-10-24（003）.

29. 何翠云."文旅融合IP"火热亦需冷思考［N］.中华工商时报，2019-09-16（003）.

30. 王莹，罗洎.自贡盐文化旅游的价值基因与IP创设研究［C］.文旅融合：盐文化与旅游发展学术研讨会论文集，2019.

31. 来也股份.《中国旅游报》专栏｜杨振之：新时代文化与旅游的融合发展，2019-03-19.

32. 新旅界.魏小安：文化到旅游差一张纸 旅游到文化差一座山，2019-04-13.

33. 文化产业评论.深度揭秘！文旅融合三大价值、六大战略问题，2019-12-22.

34. 文化旅游规划.文化旅游风口下 文旅融合的模式有哪些，2018-09-12.

35. 乡村振兴战略规划.文旅融合的特点及业态实践，2019-05-30.

36. 盛方商学.2019非遗与旅游融合10大优秀案例，2019-11-02.

37. 华闻视线.东湖故事之东湖寓言园，2020-04-09.

38. 景域营销.旅游IP形象应该怎么玩？，2019-06-26.

39. 华夏幸福产业研究院.产业观察|还不知道星巴克"猫爪杯大战"？猫咪经济了解下，2019-03-04.

40. IP侠.干货！盘点故宫IP产品运营全景，2019-04-12.

41. 策世品牌战略营销.史上最贵雪糕，"钟薛高"何以8个月火爆全网？——超级卖点·品牌周讲79期，2019-09-11.

42. 小镇乌托邦. 文旅新物种：亚朵酒店的精致体验是如何设计的？，2020-02-03.

43. 风景文创. 风景文创|穷游网开旅行美术馆，从IP社群到线下空间，2019-04-02.

44. 景域通讯社. 观点|得IP者得天下：浅谈旅游IP商业化运营，2018-07-09.

45. 奇创旅游规划.【旅游度假产品的IP智造⑤】花间堂：唯美主义代言者，2016-10-19.

46. 大地研究院. 大地论点|干货教你如何运营超级文旅IP，2020-03-10.

47. 旅思马记. 文旅项目：IP的十大特征及打造路径，2018-03-08.

48. 文化在线. 博物馆文创产品如何吸引消费者？"IP值+功能性"是关键，2020-02-09.

49. 凤凰品城市."影视+旅游"，热门影视IP下的文旅融合，2019-07-24.

50. 青蓝文旅. 文创|景区"文创IP"产品已成标配，2020-03-31.

51. CIAB文化新经济. 网红"故宫猫"的启示：爆款文创IP的打造逻辑，2018-08-14.

52. 平成文旅. 揭秘沉浸式演艺神作《知音号》：运营始于创意，三大法则独造文化IP，2019-11-02.

53. 主题公园和景区聚焦. 深度见解|寻找主题公园下一个优质IP，2018-01-25.

54. 青蓝文旅. IP|旅游IP打造：要创意，更要形象，2020-04-09.

55. 吴声造物. 吴声：一切商业皆内容，一切内容皆IP，2017-10-23.

56. 旅思马记. 戴斌：文旅IP不要急于当"网红"，2018-05-22.

57. IP价值观. 中国主题公园也须文化自信，但文化在哪？，2019-10-10.

58. 奇创旅游规划.【山地度假综合体专题】（四）东部华侨城案例研究，2016-02-04.

59. 中国旅游报. 如何打造一个文化属性独特的文旅IP，2020-05-17.

60. 云野科技. 文旅融合的六大产品业态实践，2019-07-23.

61. 中经文化产业. 台北故宫文创经验：这些产品别开发，2019-05-05.

62. 第一教育. 长风海洋世界打造"海洋城"惊喜派对，携汪汪队首度亮相上海！，2018-01-26.